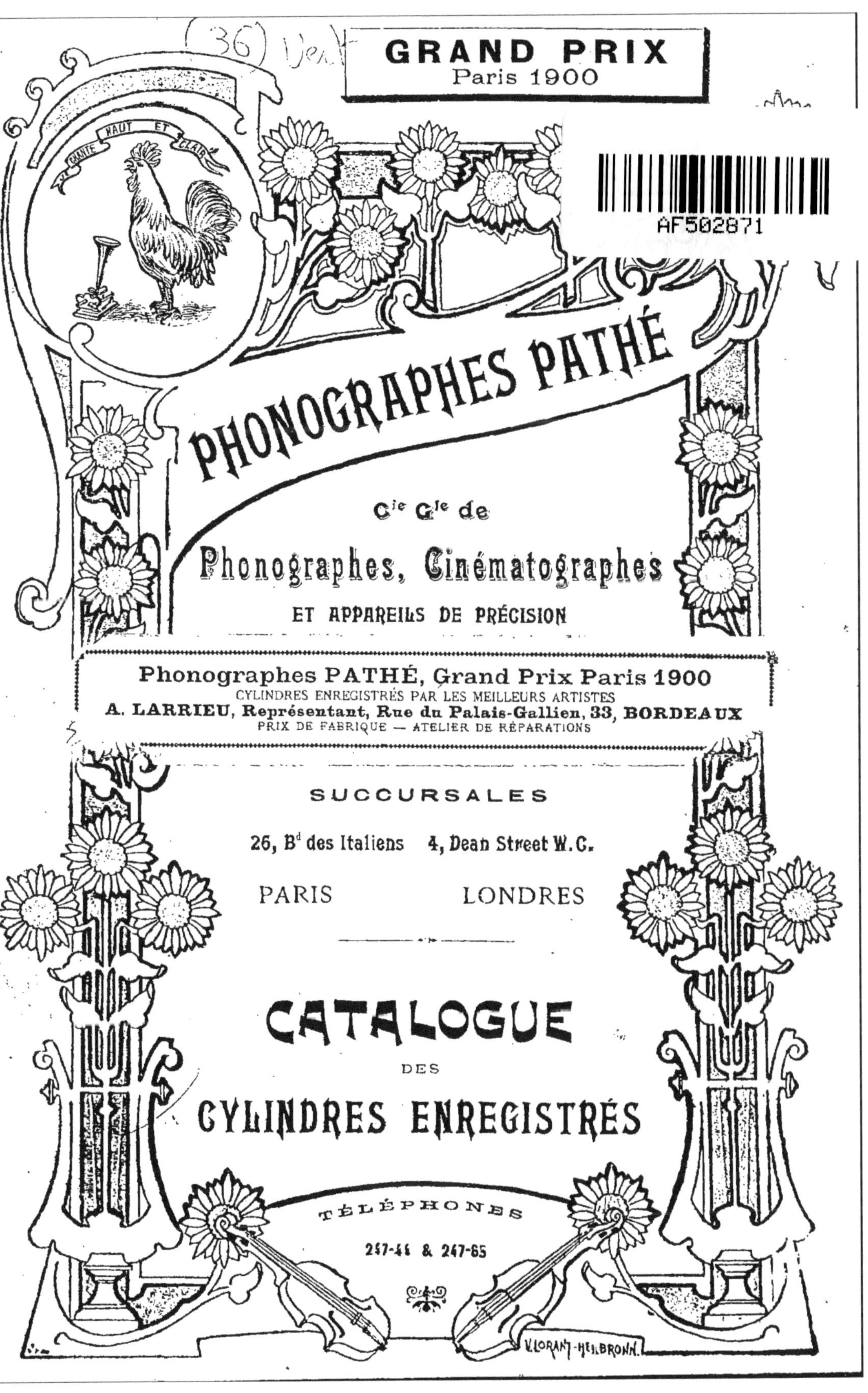
GRAND PRIX
Paris 1900
CHANTE HAUT ET CLAIR
AF502871
PHONOGRAPHES PATHÉ
Cie Gle de
Phonographes, Cinématographes
ET APPAREILS DE PRÉCISION
Phonographes PATHÉ, Grand Prix Paris 1900
CYLINDRES ENREGISTRÉS PAR LES MEILLEURS ARTISTES
A. LARRIEU, Représentant, Rue du Palais-Gallien, 33, BORDEAUX
PRIX DE FABRIQUE — ATELIER DE RÉPARATIONS
SUCCURSALES
26, Bd des Italiens 4, Dean Street W.C.
PARIS LONDRES
CATALOGUE
DES
CYLINDRES ENREGISTRÉS
TÉLÉPHONES
247-44 & 247-65
V. LORANT-HEILBRONN.

Phonographes PATHÉ

COMPAGNIE GÉNÉRALE DE PHONOGRAPHES

CINÉMATOGRAPHES & APPAREILS DE PRÉCISION

Société Anonyme au Capital de 2.666.600 Francs

Siège Social : 98, Rue Richelieu, 98

Succursale : 26, Boulevard des Italiens

PARIS

London House; PATHÉ Frères (London) L[d]

4, Dean Street, High Holborn W. C.

GRAND PRIX

EXPOSITION UNIVERSELLE

Paris 1900

CATALOGUE

DES

Cylindres Enregistrés

Demander le Prix-Courant Général des Appareils

et les Répertoires des Cylindres en langues étrangères

ENVOI FRANCO

PREMIÈRE PARTIE :

Chant et Déclamation

(Pages 5 à 34)

CYLINDRES ENREGISTRÉS :

1° Pour Appareils de Dimension courante

Longueur . . . . 107 m/m environ
Diamètre intérieur. . . . . 42 m/m

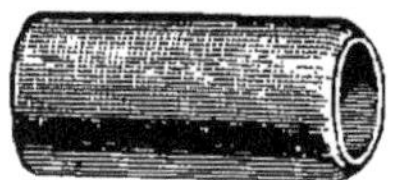

Fig. 100

PRIX : 1 Fr. 50 la pièce

Cylindres vierges, Fig. 100..... ~~0.80~~
Echange, enregistrés courants. ~~0.90~~

2° Pour Appareils " Stentor "

Longueur . . . . 110 m/m environ
Diamètre intérieur. . . . . . 105 m/m —

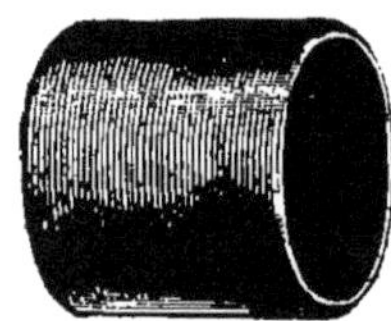

Fig. 70

PRIX : 6 Francs la pièce

Cylindres vierges " Stentor "... ~~4.50~~
Echange, enregistrés " Stentor " 2.50

Nota. *Nos Cylindres enregistrés s'adaptent sur tous les systèmes de Phonographes ou Graphophones existants.*

AVIS IMPORTANT

Nos immenses approvisionnements nous permettent d'assurer, dans le plus bref délai, l'exécution de toute commande de Cylindres enregistrés compris dans nos divers Répertoires.

Tous nos cylindres sont enregistrés par des artistes connus, de grande réputation. Nous n'avons pas reculé devant de grosses dépenses afin de réunir un personnel artistique hors pair, dont les soins minutieux président à la confection des cylindres, réputés comme INIMITABLES.

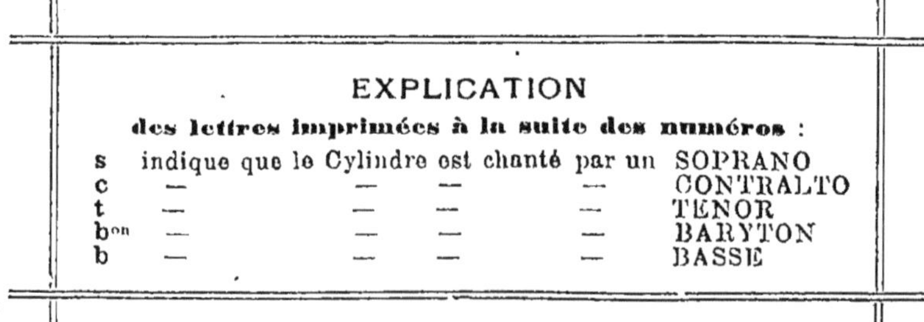

EXPLICATION

des lettres imprimées à la suite des numéros :

s	indique que le Cylindre est chanté par un	SOPRANO
c	— — — —	CONTRALTO
t	— — — —	TENOR
b^on	— — — —	BARYTON
b	— — — —	BASSE

Explication des lettres imprimées à la suite des numéros :

s indique que le cylindre est chanté par un SOPRANO.
c — — — — CONTRALTO.
t — — — — TENOR.
b^on — — — — BARYTON.
b — — — — BASSE.

OPÉRAS (Chant)

Aben-Amet (TH. DUBOIS).
1 Air du Baryton : O Grenade.

Aïda (VERDI).
2 Air du Soprano : Vers nous reviens vainqueur !
3 t O céleste Aïda.
11 s Air d'Aïda, 3e acte (O mon pays).

L'Africaine (MEYERBEER).
4 s Grand air de Sélika.
5 t Air de Vasco de Gama.
6 b^on Ballade de Nélusko.
7 b^on Fille des rois.
8 b^on Air du sommeil.
9 s Grand air d'Inès.

Anacréon (GRÉTRY).
10 b^on Chanson bachique.

L'Arlésienne (BIZET).
14 b^on Marche des rois.

Le Bal Masqué (VERDI).
16 b^on Lève-toi là, dans l'ombre.

Les Barbares (SAINT-SAENS).
83 Chant funèbre de Livie.
84 Dans Orange.

Les Abencérages (CHERUBINI).
21 Air du Ténor : Suspendez à ces murs.

Ascanio (SAINT-SAENS).
26 t Air du 1er acte (florentinelle).
27 s Ballade : Mon cœur est sous la pierre.
51 b^on Enfants, je ne vous en veux pas.

Alceste (GLÜCK).
39 s L'imprécation : divinités du Styx.
44 c Air : Au nom des Dieux.

Benvenuto (DIAZ).
20 b^on De l'Art, splendeur immortelle.

Charles VI (HALÉVY).
45 c Sous leur sceptre de fer.
22 t Ah ! qu'un ciel.
23 b Guerre aux tyrans.
24 b^on Avec sa douce chansonnette.
25 b^on C'est grand pitié.
3107 c Humble fille des champs.
1388 c Prière : Quand le sommeil.

Le Chevalier Jean (V. JONCIÈRES).
28 s Chanson sarrazine.

Le Cid (MASSENET).
29 s Pleurez, mes yeux.
30 b Il a fait noblement ce que l'honneur.
31 Air du Ténor, 4e acte : O Souverain !...
53 s Allez en paix vous que l'on aime (Alleluia).

La Cigale Madrilène (PERRONNET).
152 s Valse chantée.
3104 s Aubade.

La Coupe du Roi de Thulé (DIAZ).
32 b^on Grand air : Il est venu.
70 t Romance.

Concert à la Cour (AUBER).
3102 s Couplets du Charlatan.

Cinq-Mars (GOUNOD).
81 s Cantilène : 1er acte.

Damnation de Faust (BERLIOZ).
193 s D'Amour l'ardente flamme.
34 b Chanson de la Puce.
35 b Voici des roses.
36 b Sérénade de Méphisto.
37 b Invocation à la nature.
38 t Air de Faust.
90 s Air de la Coupe du roi de Thulé.
3239 b Chanson de Brander.

Don Carlos (VERDI)
40 b Elle ne m'a jamais aimé.

Don Juan (MOZART).
92 s Air de Zerline, 3e acte : Frappe ! frappe.
98 s Air de Dona Anna : Tu sais mon offense !
107 t Air d'Ottavio.
42 b Oui, Madame, des belles qu'il aime.
43 b^on Je suis sous ta fenêtre.

Dimitri (JONCIÈRES).
112 s Pâles étoiles.
220 t Air des Cloches.
475 t Air : Si Dieu Martha.
117 b^on Chanson slave.
124 t Arioso : Mon fils.

Don Sébastien (DONIZETTI).
46 Air du Baryton : Sur le sable d'Afrique.
47 Air du Ténor : Seul sur la terre.

Les Diamants de la Couronne (AUBER).
126 t Qu'il est beau.

Esclarmonde (MASSENET).
135 s Regardez-les, ses yeux.

Etienne Marcel (SAINT-SAENS).
140 Soprano.

Freychutz (WEBER).
249 Air du Ténor : Frais vallons.
148 s Air : Sur le soleil, une ombre passe.
151 s Prière : Vers le ciel, vers la lumière.

Fernand Cortez (SPONTINI).
82 O patrie ! ô lieux pleins de charmes !

Dans les Commandes il est indispensable d'indiquer les numéros.

Françoise de Rimini (A. Thomas).

89 bon J'espère, je vous aime.

Faust (Gounod).

1969 t Ne permettrez-vous pas.
54 t Salut, demeure chaste et pure.
55 t Salut, ô mon dernier matin.
56 b Le Veau d'or.
57 t Laisse moi contempler ton visage.
58 b Vous qui faites l'endormie.
59 s Ballade du roi de Thulé.
60 s Ange pur.
61 t A moi les plaisirs.
62 s Faites-lui mes aveux.
63 t Mon cœur est pénétré.
64 s Ah! je ris de me voir si belle.
65 bon Mort de Valentin.
67 b Scène de l'Eglise.
68 s Couplet de Siebel.
69 bon Air du 2e acte : Invocation de Valentin.
3105 s Valse chantée.

La Favorite (Donizetti).

72 b Redoutez la fureur.
73 t O mon Fernand.
74 b Ange si pur.
75 bon Jardins de l'Alcazar.
76 bon Pour tant d'amour.
77 t Un ange, une femme inconnue.
163 b Les cieux s'emplissent d'étincelles
164 s Rayons dorés.

La Flûte enchantée (Mozart).

169 bon La vie est un voyage.
87 b Air du grand-prêtre.
88 Air du Ténor.
173 s C'en est fait, le rêve cesse.
175 s Oui, devant toi.

Le Florentin (Ch. Lenepveu).

376 s La nuit est l'heure des mystères.
379 s Voulez-vous des fruits ?
372 Strophes du Baryton.

Guillaume Tell (Rossini).

171 bon Quand l'Helvétie.
186 s Sombres forêts.
188 t O Mathilde.
94 t Barcarolle : Accours dans ma nacelle.
95 bon Sois immobile.
93 t Asile héréditaire.

Gwendoline (E. Chabrier).

97 bon Je vis dans la tempête amère.

Hamlet (A. Thomas).

99 bon O vin, dissipe la tristesse.
100 b C'est en vain que j'ai cru.
101 bon Spectre infernal.
102 bon Comme une pâle fleur.
103 s Sa main depuis hier.
104 t Pour mon pays.
105 bon Etre ou ne pas être.
190 c Air de la Reine (2e acte).
106 s Air de la folie.

Henri VIII (Saint-Saens).

108 bon Qui donc commande quand il aime.

Herculanum (F. David).

153 t Romance.

Hernani (Verdi).

454 s Air d'Elvire, 1er acte.
110 Air du Baryton : Grand Dieu !
111 Air de la Basse.
556 bon Nous verrons si son audace.

Hérodiade (Massenet).

211 s Il est bon, il est doux.
113 s Air de Salomé.
114 bon Vision fugitive.
115 t Air de Jean.
116 t Air d'Hérodiade : Ne me repousse pas.
476 Air de la Basse, 3e acte.

Les Huguenots (Meyerbeer).

118 b Bénédiction des poignards.
119 b Plus blanche que la blanche hermine.
120 b Pif, paf.
121 s Nobles seigneurs, salut.
122 s O beau pays de la Touraine.
123 b Et vous qui répondez.
189 b Choral de Luther.

Griselidis (Massenet).

109 Prière.
125 Oiseau qui pars.
128 Loin de sa femme.
129 Chanson d'Alain.
132 Ouvrez-vous sur mon front.

Jérusalem (Verdi).

130 Vous priez vainement le ciel.
131 Air du Ténor.

Jean de Paris (Boieldieu).

127 bon Qu'à mes ordres ici tout le monde se rende.

Jocelyn (B. Godard)

133 Berceuse.

Le Juif Polonais (C. Erlanger).

166 Ronde du Lauterbach.

La Fiancée de Corinthe

1518 O chère maison.

La Jolie Fille de Perth (Bizet).

493 t Romance : A la voix d'un amant fidèle.
503 s Henri, je mets en vous.
136 b Quand la flamme de l'amour.
137 s Partout des cris de joie.
241 s Ballade : Echo, viens sur l'air embaumé.

Joseph (Méhul).

138 t Air : Vainement Pharaon.
139 t A peine au sortir de l'enfance.
246 s Air de Benjamin.

La Juive (Halévy).

141 b Cavatine : Si la rigueur.
142 b Malédiction : Vous qui du Dieu vivant.
143 t Prière de la Pâque.
144 t Rachel, quand du Seigneur.
145 t Sérénade : Loin de son amie.
146 s Il va venir.

Lara (Maillart).

147 t Quand un Lara marchait en guerre.

Dans les Commandes il est indispensable d'indiquer les numéros.

Lucie de Lammermoor (Donizetti).

149 t O bel ange, ma Lucie.
150 b^on D'un amour qui me brave.

Lohengrin (Wagner).

538 s Songe d'Elsa.
267 s Air du balcon.
154 t O mon cher Cygne.
155 t Récit du Graal.

Louise (Charpentier).

228 b^on Voir naître un enfant.
229 b^on Reste, repose-toi.
258 s Air du 3e acte.

Le Mage (Massenet).

12 Air de Zarastra.

Les Maîtres Chanteurs (Wagner).

156 t Couplets de Walter.
157 t L'aube vermeille.
304 b Air de Hans Sachs.

Macbeth (Verdi).

159 b^on Le traître aux Anglais s'allie.

Martha (Flotow).

160 t Lorsqu'à mes yeux.
161 b Chanson du Porter.
162 s Seule ici, fraîche rose.

Moïse (Rossini).

165 b Prière.

La Muette de Portici (Auber)

983 t Amis, la matinée est belle.
168 t Cavatine du sommeil.

Méphistophélès (Boïto).

285 s Air de la prison : Marguerite.
279 t Air de Faust, 1er acte.
280 t Air de Faust, 4e acte.

Les Martyrs (Donizetti).

290 Grand air du Baryton.

La Norma (Bellini).

170 Air du Ténor.
294 s Air de Norma.

Lucrèce Borgia.

1372 Ballade.

Orphée (Gluck).

174 c J'ai perdu mon Eurydice.
346 c Air d'Orphée.
329 s L'Amour (Ariette de).

Othello (Rossini).

176 b^on Grand air : Dans le cœur d'Othello.
347 s Romance du Saule

Œdipe à Colonne (Sacchini).

472 b^on Mon fils, tu ne l'es plus.

Le Pardon de Ploërmel (Meyerbeer).

177 s Valse.
178 b Air du Chasseur.
179 b^on Ah! mon remords te venge.
180 b^on O puissante magie.
181 t Chant du faucheur.
359 s Légende du 2e acte.
1966 s Le vieux sorcier de la montagne.

Patrie (Paladilhe).

182 b^on Pauvre martyr obscur.
183 b Couplets du sonneur.
185 Grand air du Baryton.

Les Pêcheurs de Perles (Bizet).

187 t Romance : Je crois entendre encore.
384 t De mon amie, fleur endormie.
400 s Air : Me voilà seule enfin.

Polyeucte (Gounod).

191 t Nymphes attentives.
192 t Stances : Source délicieuse.
402 s Invocation à Vesta.

Le Premier Jour de Bonheur (Auber).

385 s Romance.

Le Prophète (Meyerbeer)

194 t Pour Bertha, moi je soupire.
195 c Couplets de la mendiante.
196 c Ah! mon fils.
197 t Roi du ciel et des anges.

La Prise de Troie (Berlioz).

580 Malheureux roi.

La Poupée de Nuremberg (Adam).

430 Air du Soprano.
431 Air du Baryton.

Le Roi d'Ys (E. Lalo).

436 t Air : Lorsque je l'ai vu.
477 t Vainement ma bien-aimée.
248 s Que ta justice.

Le Roi de Lahore (Massenet).

219 b^on Promesse de mon avenir.

La Reine de Chypre (Halévy).

199 Air du Baryton.
200 t Tout n'est en ce bas monde.
449 t Le Gondolier dans sa pauvre nacelle.

La Reine de Saba (Gounod).

202 b Sous les pieds d'une femme.
203 Grand air du Ténor : Faiblesse de la race...
204 s Plus grand dans son obscurité.

Rigoletto (Verdi).

206 s Air de Gilda.
207 t Comme la plume au vent.
208 b^on Oh ! mes maîtres, ma voix vous implore.
209 t Qu'une belle pour quelques instants.
210 b^on Ils me l'ont enlevée.

Robert Bruce (Rossini)

212 Que ton âme, si noble, si bonne.
213 Hé quoi ! chez vous la crainte.

Robert le Diable (Meyerbeer)

214 s Va, dit-elle.
215 t Jadis régnait en Normandie.
216 b Valse infernale.
217 t Sicilienne.
218 b Evocation des Nonnes.
438 s Robert, toi que j'aime.
468 t Cavatine du magique rameau.
473 s Que je hais la grandeur.
361 s Quand je quittai ma Normandie.

Dans les Commandes il est indispensable d'indiquer les numéros.

Roméo et Juliette (Gounod).

222 bon Ballade de la reine Mab.
223 t Ah! lève-toi, soleil.
224 s Chanson de Stéphano.
225 t Scène du tombeau.
226 s Valse de Juliette.
227 s Dieu, quel frisson passe dans mes veines.
478 b Allons, jeunes gens.

Roland à Roncevaux (Mermet).

221 t Superbes Pyrénées.
479 s Le Sultan Soliman.

Les Saisons (Massé).

232 b Chanson du blé.
231 s Ah! pourquoi suis-je revenu.

Sardanaple (Joncières).

233 b Le front dans la poussière.

Samson et Dalila (Saint-Saens).

234 c Mon cœur s'ouvre à ta voix.
235 c Air de la vengeance.
236 bon Air du grand-prêtre.
237 c Printemps qui commence.

Sapho (Gounod).

3106 s Stances : Adieu flambeau du monde.
238 s Oh! ma lyre immortelle.
239 s Ode à Sapho.
494 t O jours heureux.

Le Saïs (Olagniet).

230 t Sérénade.

Sapho (Massenet).

496 t Petit voici ta lampe.
497 s Tandis que tu travaillerais.
499 s Adieu m'ami, je pars à tout jamais.
2306 s La solitude.

Siège de Corinthe (Rossini).

240 Grand air du Baryton.

Salammbô (Reyer).

510 s Ah! qui me donnera des ailes?
1386 Air du 2e acte.

Sigurd (E. Reyer).

242 t Esprits, gardiens de ces lieux vénérés.
243 Grand air du Baryton.
244 bon Et toi, Fréria.
245 b Odin, Dieu farouche et sévère.
247 t Un souvenir poignant.
511 s Salut, splendeur du jour.
547 s Les présents de Gunther.
548 c Je sais des secrets merveilleux.

La Statue (E. Reyer).

519 s Toi que n'atteint pas.
521 bon Il est un trésor plus rare.

Sémiramis (Rossini).

522 s Cavatine ; Rayon de mon cœur.

Thaïs (Massenet).

523 s Di-smoi que je suis belle.

Tannhauser (Wagner)

528 t Viens, cher amant.
529 s Prière d'Elisabeth.
530 bon Air : Cavatine de Wolfram.
250 bon Romance de l'Etoile.
251 bon En contemplant cette assemblée immense.
252 bon O chaste amour.
253 bon Jadis quand tu luttais.

Le Tribut de Zamora (Gounod).

254 t Oh! blanc bouquet de l'épousée.
531 s Garde la couronne des reines.
532 s Pitié, je ne suis.
533 s Tu trouves donc. Romance.
534 bon Que les vœux les plus doux.
535 bon Kasidah.

La Traviata (Verdi).

255 t Buvons jusqu'à la lie.
256 t Non, non, loin d'elle.
257 bon Lorsqu'à de folles amours.

Le Trouvère (Verdi).

260 t Miserere.
261 bon Son regard, son doux sourire.
263 c La flamme brille.
264 t Exilé sur la terre.
265 t O toi, mon seul espoir.
266 s Air de Léonore (4e acte).
539 b De mon maître.
540 s La nuit calme et sereine.

Le Val d'Andorre (Halévy).

268 b Voilà le sorcier.
269 b Le soupçon, Thérèse.
270 s Marguerite qui m'invite.

Les Vêpres Siciliennes (Verdi).

272 b Et toi, Palerme.
273 b Au sein de la puissance.
546 s Boléro.

La Vie de Bohême (Puccini).

274 s Air du 1er acte : On m'appelle Mimi.
275 b — Adieu, mon vieil habit
549 t — Et bien voilà, je suis poète.
551 s Valse de Musette.

La Vie pour le Tzar (Glinka).

277 t Air de Wania.

La Walkyrie (Wagner).

276 s Chanson du printemps.
281 bon Adieux de Wotan.

Werther (Massenet).

518 t Air du 1er acte : Je ne sais si je veille.
520 t Un autre est mon époux.
558 s Du gai soleil : Air de Sophie.
550 s Air des lettres.
2245 s Les larmes.
563 t Pourquoi me réveiller.

Zaïre.

278 Cavatine.

Dans les Commandes il est indispensable d'indiquer les numéros.

Explication des lettres imprimées à la suite des numéros :

s indique que le cylindre est chanté par un SOPRANO.
c — — — — CONTRALTO.
t — — — — TENOR.
bou — — — — BARYTON.
b — — — — BASSE.

OPÉRAS-COMIQUES (Chant)

L'Amour Médecin (Poise).

283 b C'est le printemps qui va renaître.
284 b Si tu savais, ma Catherine.

L'Amour qui passe (B. Godard).

286 s Couplets d'Angèle.

Arodiant (Méhul).

941 bou Femme sensible.

L'Attaque du Moulin (Bruneau)

287 Air du Baryton.
288 t Adieu à la forêt. Le jour tombe.
289 t Chanson de la Sentinelle.Mon cœur expire.

La Basoche (Messager).

291 bou Je suis aimé de la plus belle.
292 bou Quand tu connaîtras Colette.
293 bou J'irai chez les oiseaux, mes frères.

Le Barbier de Séville (Rossini).

295 t Cavatine.
296 bou Air de Figaro.
297 b Air de la Calomnie.
298 s Air de Rosine.

Le Caïd (A. Thomas).

302 b L'amour, ce dieu profane.
303 b Air du Tambour Major.
583 s Comme la fauvette.
595 s Romance : Je veux lui plaire.

Le Carillonneur de Bruges (Grizart).

305 bou Sonnez, mes cloches gentilles.

Carmen (Bizet).

306 c Près des remparts de Séville.
307 c Air des cartes.
308 b Couplets d'Escamillo : Toréador, en garde.
309 c L'amour est enfant de Bohême.
310 t La fleur que tu m'avais jetée.
311 t Dragon d'Alcala.
312 s Air de Micaëla.
601 c Les tringles des sistres tintaient.
608 t Danse des castagnettes.

Cavalleria Rusticana (Mascagni).

625 Romance du ténor, 2e acte.
313 s Vous le savez, ma mère.
314 s Refrain de Lola.
609 s Ave Maria. (Intermezzo).
315 t Sicilienne.

Le Chalet (Adam).

317 t Elle est à moi, c'est ma compagne.
318 b Vallons de l'Helvétie.
319 b Vive le vin, l'amour et le tabac !
320 s La liberté chérie.
321 Romance du ténor : Adieu,vous que j'ai tant chérie.

Le Cheval de Bronze (Auber).

753 s Ballade : Là-bas, sur le rocher.
324 { Air de la Basse. / Mon noble gendre.

Le Chien du Jardinier (Grisart).

325 bou Chanson du chien.
327 bou Il n'est pas dans tout le village.

Le Comte Ory (Rossini).

330 bou Air du gouverneur.

Les Contes d'Hoffmann (Offenbach).

331 s C'est une chanson d'amour.
2216 s Air : Une poupée aux yeux d'émail.
2217 s Romance d'Antonia : Elle a fui, la tourterelle.

Cendrillon (Massenet).

667 s Petit grillon ; Air de Cendrillon,1er acte.

La Dame Blanche (Boieldieu).

332 t Ah! quel plaisir d'être soldat.
333 t Cavatine : Viens, gentille dame.
334 s Ballade : D'ici, voyez ce beau domaine.

Le Déserteur (Adam).

335 bou Chanson à boire.

Le Domino Noir (Auber).

336 b Air de Gil Perez.
2661 b Air du 3e acte : Angèle.
337 s Air aragonèse.
684 s Qui je suis ; Romance.
688 t Amour, viens finir mon supplice.

Don Pasquale (Donizetti).

697 t Sérénade.
338 bou Taille d'abeille et teint rosé.
339 t Nuit parfumée.

Les Dragons de Villars (Maillart).

340 bou Quand le dragon a bien trotté.
341 t Pastorale : De ces lieux, ma voix seule.
342 t Ne parle pas.
343 bou Chanson à boire.
344 s Espoir charmant.
345 s Hop! hop! mules chéries.
2751 t Ah! qu'il est donc beau.
706 s Grâce à ce vilain ermite.

L'Éclair (Halévy).

348 t Des rivages d'Angleterre.
349 t Romance : Quand de la nuit.
350 t Partons, la mer est belle.
351 t Du ciel, la lumière.

L'Étoile du Nord (Meyerbeer).

716 t Air : Achetez, qui veut des tartelettes.
353 b O jours de joie et de misère.
354 b Chanson de Gritzenko.
721 s Couplets : Le bonnet sur l'oreille.

Dans les Commandes il est indispensable d'indiquer les numéros.

Falstaff (Verdi).

358 b^on Quand j'étais page.

Le Farfadet (Adam).

360 b^on On dirait que tout sommeille.

La Fête du Village voisin (Boieldieu).

485 b^on Simple innocente.

La Fille du Régiment (Donizetti).

363 s Il faut partir.
2980 s Couplets du 21me.
366 s Salut à la France.
364 t Pour me rapprocher de Marie.
365 t Ah! mes amis, quel jour de fête.

La fille de Tabarin (Pierné).

299 b^on Air de Tabarin.

Fra Diavolo (Auber).

731 s Air du 2e acte (Zerline).
367 s Couplets : Voyez sur cette roche.
368 t Agnès la jouvencelle.
369 t Air de Fra Diavolo : J'ai revu mes amis.
370 t Romance : Pour toujours, disait-elle.

La Fée aux Roses (Halévy).

362 t Romance : Oui, chaque jour, je viens l'attendre.

Galathée (V. Massé).

371 b Toutes les femmes.
373 s Air de la coupe.
374 t Ah! qu'il est doux de ne rien faire.
375 b O Vénus.
735 s Air de la lyre : Fleur parfumée.

Giralda (Adam).

738 Air du ténor.
377 b^on Ange des cieux.
378 b^on Que saint-Jacques (Air).

Haydée (Auber).

739 s Couplets de la Corvette.
380 s Couplet : Il dit qu'à sa noble patrie.
381 t Glisse, Glisse, ma gondole.
382 t Ah! que la nuit est belle.
383 b Romance : A la voix séduisante.

Iphigénie en Aulide (Gluck).

939 b^on Diane impitoyable.

Jean de Nivelle (Léo Delibes).

386 t Je vais où le hasard.
387 t Tant que le jour dure.
744 b^on Couplets du joli berger.
746 s Air d'Arlette : Dans le moulin.
3056 s On croit à tout : Romance.

Joconde (Nicolo).

388 b^on J'ai longtemps parcouru le monde.
389 b^on Romance : Dans un délire extrême.
755 s Couplets de la rose.

Joli Gilles (Poise).

3077 b^on Depuis que j'aime Violette.

Lalla Roukh (F. David).

390 b Ah! funeste ambassade.
391 t Lorsque l'étoile du ciel sans voile.
392 b De près ou de loin.
393 t Romance : Ma maîtresse a quitté la tente.
394 t Barcarolle : O ma maîtresse.
3078 s Couplets de Nuit d'amour.

Lakmé (Léo Delibes).

395 t Air de Gérald : Prendre le dessin d'un bijou.
396 t Cantilène : Ah! viens dans la forêt profonde.
397 b^on Stances.
1319 s Air dans la forêt.
398 s Air des clochettes.
1333 s Pourquoi dans les grands bois.

Le Légataire Universel (Pfeiffer).

420 b^on Tu la connais depuis longtemps.

Le Maître de Chapelle (Paer).

399 b^on Ah! quel bonheur de pressentir sa gloire.

Maître Pathelin (Bazin).

401 t Je pense à vous quand je m'éveille.

Manon (Massenet).

1334 b^on Regardez-moi bien dans les yeux.
1338 s N'est-ce plus ma main.
1339 s Air d'entrée : Je suis encore tout étourdie.
1345 s Gavotte : Obéissons.
1346 s Ariette : Je marche sur tous les chemins.
1347 s Voyons, Manon, plus de chimères.
1348 s A nous les amours et les roses.
404 s Adieu, notre petite table.
405 t Ah! fuyez, douce image.
406 b A quoi bon l'économie.
407 b^on Epouse quelque brave fille.
408 t En fermant les yeux.

Mignon (A. Thomas).

1361 s Je connais un pauvre enfant.
410 s Je suis Titania.
411 t Adieu, Mignon, courage.
412 t Elle ne croyait pas.
413 b Berceuse : De son cœur.
414 s Connais-tu le pays.
415 t Madrigal : Belle, ayez pitié de nous.

Mireille (Gounod).

417 b^on Si les filles d'Arles sont reines.
418 b Un père parle en père.
419 s Chanson de berger : Le jour se lève.
421 t Anges du Paradis.
416 Air du Soprano.
422 s Air de Mireille : Valse.
409 s A vos pieds, hélas! me voilà.
1373 s Heureux petit berger.
1381 b^on Air du Val d'Enfer.

Dans les Commandes il est indispensable d'indiquer les numéros.

Les Mousquetaires de la Reine (Halévy).

1387 s Ah ! Messieurs, mon conseil est sage.
423 b Pas de beauté pareille.
424 b Par là, morbleu, que l'on s'efforce.
425 t Enfin, un jour plus doux se lève.
426 t Le bal commence.
427 t Oh ! mes amis, il n'est pas sur ma foi.

La Mule de Pedro (Massé).

429 b^on Ma mule qui, chaque semaine.

Manon Lescaut (Auber).

1389 s L'éclat de rire.

Moïna (J. de Lara).

1397 b^on J'aime cette fleur sauvage.
1398 s La mer chante.

Une Nuit de Cléopâtre (Massé).

1399 t Loin de vous j'ai vu.
1409 s Ah ! rien qu'un jour.
432 c Cantabile de Charmion.
434 t Sous un rayon tombé des cieux.
435 t Cantilène de Manassès : O demeure céleste.
437 s Strophes de Cléopâtre : Le connais-tu l'amour.

Les Noces de Jeannette (Massé).

1410 s Les voilà, ces meubles joyeux.
439 s Air du Rossignol.
440 b Margot, lève ton sabot.
441 b Ah ! vous ne savez pas, ma chère.
442 b Enfin, me voilà seul.
443 s Cours, mon aiguille.
444 s Parmi tant d'amoureux.

Les Noces de Figaro (Mozart).

415 s Mon cœur soupire.
1416 s Air de la Comtesse : Douce image.
1417 s Air de Suzanne : Viens, cher amant.
1418 s Ariette de Chérubin : Je ne sais quelle ardeur.
1419 b^on Son Excellence aime la danse.
1425 b^on Bel enfant amoureux et volage.

L'Ombre (Flotow).

446 b^on Quand je monte Cocotte.
447 b^on Midi, minuit.
448 b^on Une femme douce et gentille.
1426 s Air de M. Abeille.
1427 s Romance de Jeanne : Par pitié.

Paul et Virginie (V. Massé).

450 b^on N'envoyez pas le jeune maître.
451 t Par quel charme, dis-moi.
452 b^on L'oiseau s'envole.
1429 t Chère mère, je vous écris.
1434 s Nous marchions, cette nuit.
1435 s Pardonnez-lui. Romance.
1438 c Parmi les lianes (Méala).

La Perle du Brésil (F. David).

1439 s Couplet du Mysoli.

Psyché (A. Thomas).

1475 t Air d'Eros : Je suis Eros.
1479 t Romance d'Eros : O toi qu'on dit plus belle.
1482 s Air de Psyché : Ah ! si j'avais jusqu'à ce soir.
1983 O Nymphe en ces lieux.

Phryné (Saint-Saëns).

1483 b^on L'homme n'est pas sans défaut.
1484 Romance du ténor : O ma Phryné.

Paillasse (Léon Cavallo).

1486 b^on C'est moi, bonjour.
1487 t Pauvre Paillasse.
1489 t O Colombine, ton pauvre amant.

Philémon et Baucis (Gounod).

456 b^on Que les songes heureux.
457 b Couplets de Vulcain.
458 b^on Vénus n'est pas plus belle.
459 b^on Hé quoi, parce que Mercure.
1511 s Sous le poids de l'âge.
1512 s O riante nature (Air).
1513 s Ariette : Ah ! si je redevenais belle.

Le Postillon de Longjumeau (Adam).

1541 s Mon petit mari, tu seras chéri.
461 t Ronde du Postillon. Ah ! qu'il était beau.
462 t Couplets de Saint-Phar : Assis au pied d'un hêtre.

Le Pré-aux-Clercs (Hérold).

463 s Jour de mon enfance.
464 t Air de Mergy : Ce soir j'arrive donc
465 s A la fleur du bel âge.
466 s Souvenir du jeune âge.

Quentin Durward (Gevaert).

467 Air du 1er acte. Baryton-ballade.

Richard Cœur-de-Lion (Grétry).

1525 s Couplets d'Antonio.
469 t Une fièvre brûlante.
470 b Que le Sultan Saladin.
471 b^on O Richard, ô mon roi.

La Reine Topaze (V. Massé).

472 t O riante fleur.
1528 s Comme l'abeille fugitive.
1985 s Carnaval de Venise.

Le Roi l'a dit (Léo Delibes).

474 Jacquot courant par les bruyères.

Si j'étais Roi (Adam).

480 b^on La fleur boit la rosée.
481 t Zéphoris est bon camarade.
482 Un regard de ses yeux.
483 t J'ignore son nom.
484 b^on Dans le sommeil.
1531 s Entends-tu sous les bambous.

Dans les Commandes il est indispensable d'indiquer les numéros.

Le Songe d'une nuit d'Été (AMBROISE THOMAS)

1533 s La voir ainsi : Cavatine.
486 b Allons, que tout s'apprête.
487 t Enfants, que cette nuit est belle.
488 t Son image si chère.
489 t Romance : Un songe hélas !
490 t Couplets : Où suis-je ?

Suzanne (PALADILHE).

491 t Comme un petit oiseau.

La Taverne des Trabans.

495 Dans le parfum des fleurs.

Le Timbre d'argent (SAINT-SAENS).

500 b^on De Naples à Florence.

Le Toréador (ADAM).

502 b Oui, la vie.
1542 s Ah ! vous dirais-je maman.

Le Voyage en Chine (BAZIN).

504 s Chanson napolitaine.
506 t La Chine est un pays charmant.
507 b^on Quand le soleil sur notre monde.
509 t Boléro (de toutes les Espagnes).

Le Violoneux (OFFENBACH).

515 b^on Ronde : Le Violoneux du village.
516 b^on Couplets : Je t'apporte la délivrance.
517 Air du Ténor : Conscrit, conscrit.

La Vivandière (B. GODARD).

2248 c Viens avec nous, petit.

Zampa (HÉROLD).

524 t Toi dont la grâce séduisante.
525 t Pourquoi trembler ?
526 t Douce jouvencelle.
1548 s D'une haute naissance.
1549 t Que la vague écumante.

OPÉRETTES (Chant)

L'Amour mouillé (VARNEY).

550 s Fabliau.
1553 s P'tit Fi, p'tit Mignon.

Barbe-Bleue (OFFENBACH).

552 t Ma première femme est morte.
1554 s Couplets de Boulotte.

Le Beau Nicolas (LACÔME).

555 b^on Celle que j'aime a de beaux yeux.

Boccace (SUPPÉ).

560 b Chanson bachique.
561 s Vieille chanson.
562 b^on Chanson du tonnelier.
1555 s L'amour c'est le soleil.
1556 s Couplets du jardinier.

La Belle Hélène (OFFENBACH).

1557 t Couplets de Paris.
1558 s Dis-moi, Vénus.

Les Brigands (OFFENBACH).

1563 Air du Ténor.
1564 s Air de Fiorela.
1565 s Couplets de Fragoletto.

La Chanson de Fortunio (OFFENBACH).

1566 Rondo.
891 s Si vous croyez que je vais dire.

Les Cloches de Corneville (PLANQUETTE).

1568 t Chanson du Clocher.
564 Air de la Basse.
1574 s Nous avons, hélas, perdu d'excellents maîtres.
1575 s Ne parlez pas de mon courage.
1576 b^on Romance du marquis, 3e acte.
1577 b^on C'est la salle de nos ancêtres.
565 t Va, petit mousse.
566 b^on J'ai fait trois fois le tour du monde.
567 t Je regardais en l'air.
568 s Vive le cidre de Normandie.

Le Cœur et la Main (CH. LECOQ).

569 b^on L'adjudant et sa monture.
570 b^on Par toi, divine créature.
1578 s Boléro.
1579 s A l'abri de ce feuillage.
1588 s Que les hommes sont maladroits. (Couplets.)

Les Cent Vierges (CH. LECOQ).

1589 s Valse : O Paris, gai séjour.

La Cigale et la Fourmi (AUDRAN).

1908 s La Chanson d'été.
1913 s Un jour, Margot.
1914 s Ma mère, j'entends les violons.

Chilpéric (HERVÉ).

1916 s Valse : La nuit quand tout sommeille.

La Falote (J. VARNEY).

571 s Romance : Jeunes garçons, pressez le pas.
1919 s Valse.

La Fauvette du Temple (MESSAGER).

572 t J'étais depuis huit jours en Afrique.
573 s Chanson de la Fauvette.
1926 t J'aimerais être voltigeur.
574 t Je suis soldat, le bel état.
575 b^on Soldat et chef de ma tribu.
576 b^on Au nom du prophète puissant.
577 t Couplets de la casquette.
578 t Couplets du Parisien.

Dans les Commandes il est indispensable d'indiquer les numéros.

La Femme à Papa (Hervé).

579 s Couplets du colonel : Tambours, clairons.

La Femme de Narcisse (Varney).

581 s C'est la fille à ma tante.

La Fille de Mme Angot (Lecoq).

1962 s Couplets de Clairette, 1er acte.
584 s Jadis les rois.
585 s Tournez, tournez.
586 t Elle est tellement innocente.
587 bon Certainement j'aimais Clairette.
588 s Marchande de marée.
589 s Ah ! c'est donc toi, Madame Barras.

François les Bas-Bleus (Bernicat et Messager).

598 bon C'est François les Bas-Bleus.
599 bon A toi j'avais donné ma vie.
1964 bon Air du 1er acte. Chanson politique.

La Fille du Tambour-Major (Offenbach).

590 t Rien n'est plus vaporeux.
591 t Couplets de l'uniforme.
592 s Je suis la fille.
593 bon Nous courons tous après la gloire.
594 s Depuis longtemps l'Italien.
596 bon C'est un billet de logement.
597 Air du Baryton.

La Fanchonnette (Clapisson).

1973 t Quand elle est sage, une fillette.

Gillette de Narbonne (Audran).

1975 s Ariette : On m'avait dans une cage.
602 Air du Baryton : Le plaisir nous convie.
603 t Couplet : D'abord quel beau commencement.
604 s Il est un pays sur la terre.
606 s En avant, Briquet.
607 t Couplets du parrain.
1977 s Couplets : Quel plaisir.

Giroflé-Girofla (Lecoq).

610 b Je vous présente un père.
611 bon Ma belle Girofla.
612 t Couplet : Nos ancêtres étaient sages.
613 t Mon père est un très gros banquier.
614 s Brindisi : Le punch scintille.
1978 s Petit papa.
1979 Couplet d'entrée, 1er acte.

Le Grand Mogol (Audran)

616 s Gentils petits serpents.
618 t Romance : Si j'étais un petit serpent.
1984 t Un antique et fort vieil adage.
619 s Le petit vin de Suresnes.

Hardis-les-Bleus (J. Clerice).

902 J'eus un aïeul.

Le Jour et la Nuit (Lecoq).

621 t Sous le regard.
622 t Les Portugais.
624 t Les femmes, ne m'en parlez pas.
1988 s Couplets de Manola.

Joséphine vendue par ses sœurs (V. Roger).

2001 Couplets du Baryton.
2891 s La vérité m'est apparue.

La Jolie Parfumeuse (Offenbach).

2012 s Je suis chatouilleuse.
2015 s A Toulouse.
2016 s Où donc as-tu passé la nuit.
2017 Air du Baryton.

Madame Favart (Offenbach).

629 bon C'est la lumière, c'est la flamme.
630 bon Couplets de l'Echaudé : Quand du four.
2092 s Je suis la petite veilleuse.
2093 s Ma mère aux vignes.
2094 s Mon p'tit papa.
2097 s Marquis, grâce à votre richesse.

Madame l'Archiduc (Offenbach).

2212 s Un p'tit bonhomme.
2213 s Pas ça, pas ça.
2214 s Couplets de l'A-B-C.

Mamz'elle Carabin (Emile Pessard).

1934 s Valse chantée.
1935 bon C'est en plein décembre, mon cher.
1936 s Chanson du Quartier Latin.

Mamz'elle Nitouche (Hervé).

632 s Chanson : Babet et Cadet.
631 s Rondeau de l'Escapade.
633 s Légende de la grosse caisse.
2218 s Alleluia : Mon cœur joyeux.
2219 s Sainte Nitouche, ô ma patronne.

Le Mariage aux Lanternes (Offenbach).

641 t Quand les moutons.

Miss Helyett (Audran).

642 bon Pour peindre une beauté parfaite.
2221 s Couplets de Miss Helyett.
2223 bon Couplets de Paul : Que ne puis-je.

Marjolaine (Audran).

2224 s Couplets.

La Mascotte (Audran).

635 bon Ces envoyés du Paradis.
636 t Couplet des Présages.
637 s Le grand singe d'Amérique.
638 t Je suis frêle comme un oiseau.
639 t Des courtisans qui passeront.
640 bon Air de Saltarello.
634 s Air du baiser.
2226 bon Je touche au but.
2227 s N'avancez pas ou j'tape.
2229 s Que je regrette mon village.
2234 s Un jour un brave capitaine.

Les Mousquetaires au Couvent (Varney).

643 bon Pour faire un brave mousquetaire.
644 t Je suis l'abbé Bridaine.
645 bon Suis-je gris vraiment ?
646 t Romance de la lettre.
647 bon L'amour n'est pas, quoi qu'on en dise.
648 s S'il est un joli régiment.
2235 s Couplets de la curieuse.
2236 s Valse de la lettre.
2237 s Romance de Marie.

Dans les Commandes il est indispensable d'indiquer les numéros.

Panurge (PLANQUETTE)

649 b^on^ Berceuse.
650 b^on^ Chanson à boire.
2238 Air du Soprano.

Ordre de l'Empereur (J. CLÉRICE).

666 Valse chantée.

Orphée aux Enfers (OFFENBACH).

659 t Quand j'étais roi de Béotie.
2244 t Je suis Aristée.

La Petite Mariée (LECOQ).

2246 s Couplets d'entrée : Je tenais, Monsieur mon époux.
2247 s Couplets de l'enlèvement.
660 b^on^ Le jour où tu te marieras.
661 b^on^ Vraiment est-ce là la mine.
662 s Mon amour, mon idole.
663 b^on^ Donnez-moi votre main.
664 s Dans la bonne société.
665 t Couplets : Le jour, vois-tu bien, ma charmante.

Le Petit Faust (HERVÉ).

2249 s Couplets de Marguerite : Fleur de candeur.
2253 s Rondo de Méphisto.
2256 s Les Saisons.
2257 s Couplets du roi de Thulé.

Petites Vestales.

656 b^on^ O Vénus! Sublime modèle.

La Périchole (OFFENBACH).

651 t Complainte : l'Espagnole et la jeune Indienne.
652 s Air de la lettre.
2265 s Couplets : Je suis grise.

Le Petit Duc (LECOQ).

653 Air du Baryton : Vous menacez.
654 b Chanson du petit Bossu.
655 s Couplets des œufs.
657 s Hélas! elle a raison, ma chérie.
658 s Couplet du petit Duc : Enfin vous voici.

Rip (PLANQUETTE)

670 b^on^ Couplet de la paresse.
671 b^on^ Romance des enfants.
672 b^on^ Ce n'est pas la bière qu'on vante.
673 s Pour marcher dans la nuit obscure.
674 b^on^ Bon vent, vire, vire.

La Roussotte (HERVÉ).

2267 s Couplets de la Roussotte (pi-houit).

Surcouf (PLANQUETTE).

675 Air du Baryton.
2269 s Couplets du 1er acte.
2288 s Valse du crocodile.

Serments d'amour (AUDRAN).

677 Bonsoir, Ninon.
2289 s Holà, Vertinguette...

La Timbale d'Argent (VASSEUR).

2294 s Couplets de Muller, 1er acte.
2296 s Couplets de Molda : Encore un qui n'l'aura pas.
628 s Couplets du fouet, 3e acte.

Les 28 Jours de Clairette (ROGER).

676 b^on^ C'est le galon.

La Vie Parisienne (OFFENBACH).

2297 s Couplets de Metella (la lettre).
2298 s La veuve du Colonel.

DUOS (Chant)

Aïda (VERDI).

2304 Grand duo d'Aïda.
678 Duo, 3e acte : Baryton et Soprano.

Boccace (SUPPÉ).

2316 Duo : La belle Fiorentina.

Le Caïd (A. THOMAS).

680 Duo : Oh ! ma gazelle...

Carmen (BIZET).

681 t b Je suis Escamillo.
2318 Duo : Soprano et Ténor : Ma mère, je la revois.

Le Chalet (ADAM).

682 b t Il faut me céder ta maîtresse.
983 Prêt à quitter ceux que l'on aime.

Le Crucifix (FAURE).

686 Vous qui pleurez, venez à ce Dieu.

Charles VI (HALÉVY).

2319 Gentille Odette : duo Ténor Soprano.

Cendrillon (MASSENET).

2697 Baryton et Soprano (3e acte).

Le Barbier de Séville (ROSSINI).

2698 Je suis donc celle qu'il aime.
2699 D'un métal si précieux.

Don Juan (MOZART).

687 Duo : Là devant Dieu.

Les Dragons de Villars (MAILLART).

689 b^on^ s Moi jolie.
690 b^on^ s Allons, ma chère.

Dans les Commandes il est indispensable d'indiquer les numéros.

La Dame Blanche (BOIELDIEU).

2709 Il s'éloigne
2710 Cette main si jolie.

L'Étoile du Nord (MEYERBEER).

661 Duo : De quelle ville es-tu ?

Fauvette du Temple (MESSAGER).

692 Duo des chameliers.
2732 Duo du 1er acte.

Faust (GOUNOD).

693 A moi les plaisirs.
694 Laisse-moi contempler ton visage.

La Favorite (DONIZETTI).

695 t s Viens dans une autre patrie.
696 2e acte : Léonore, pourquoi tristement baisser les yeux.
2734 Ne vas-tu pas?

La Fille de Madame Angot (LECOQ).

699 Quand on conspire.
2739 Jours fortunés de notre enfance.

La Fille du Régiment (DONIZETTI).

700 La voilà, morbleu ! qu'elle est gentille.

La Flûte Enchantée (MOZART).

*701 Un cœur t'attend, le mien t'appelle.

François-les-Bas-Bleus (BERNICAT et MESSAGER)

703 Duo : l'Espérance.
704 La plume légère.

Guillaume Tell (ROSSINI).

725 **t** et **s** Doux aveu, ce tendre langage.

Hamlet (A. THOMAS).

702 Doutes de la lumière.

Les Huguenots (MEYERBEER).

2864 Tu l'as dit, oui tu m'aimes.

Le Juif Polonais.

679 Duo de Suzel et de Christian.

La Juive (HALÉVY).

726 **t** et **b** Ta fille en ce moment.

Galathée (V. MASSÉ).

2867 Ganymède, c'est toi que j'aime.

Gillette de Narbonne (AUDRAN).

2870 Rappelez-vous.

Le Grand Mogol (AUDRAN).

*707 Dans ce beau pays de Delhi.

Lakmé (LÉO DELIBES).

705 C'est le Dieu de la jeunesse.
2890 Duo de Lakmé et de Malika.

Lischen et Fritzchen (OFFENBACH).

708 Je suis Alsacienne.

Lucie de Lammermoor (DONIZETTI).

2893 Duo : Vers toi toujours s'envolera.
2894 Duo du 2e acte : Soprano et Baryton.
717 Duo : Soleil sur l'Arène.

Martha (FLOTOW).

724 **t** et **s** Cette main, ô noble dame.

La Mascotte (AUDRAN).

709 Duo des dindons.
2898 Duo du 2e acte : Quelle tournure.

Mignon (A. THOMAS).

710 Duo des hirondelles.
2910 Duo du 3e acte : Je suis heureuse.

Mireille (GOUNOD).

711 Vincenette, à votre âge.
*712 O Magali !
713 Ah ! la voilà, c'est elle.

La Muette de Portici.

698 Amour sacré de la Patrie.

Miss Helyett (AUDRAN).

714 Vous êtes bien ainsi.
1474 Ah ! quel superbe point de vue.

Les Mousquetaires de la Reine (HALÉVY).

715 Saint-Nicolas, mon patron.
2911 Comme un bon ange.
2912 Trahison perfide.

Une nuit à Venise (L. CANTINI).

718 Ah ! que la nuit est belle.

Les Noces de Jeannette (V. MASSÉ).

2942 Halte-là, s. v. p.

La Patrie des Hirondelles (MESSINI).

720 Duo.

Les Pêcheurs de Perles (BIZET).

722 Duo : Oui, c'est elle, c'est la déesse. Ténor et Baryton.

Philémon et Baucis (GOUNOD).

723 Duo.
2945 Soprano et Baryton. Relevez-vous.

Le Petit Duc (LECOQ).

2979 Duo : Petit Duc et Soprano.

La Petite Mariée (LECOQ).

729 Duo du rossignol.
728 Duo des larmes.

Le Pré-aux-Clercs (HÉROLD).

732 Les rendez-vous de noble compagnie.

Dans les Commandes il est indispensable d'indiquer les numéros.

Le Postillon de Longjumeau (ADAM).

736 Duo. Ténor et Soprano.

Paul et Virginie (V. MASSÉ).

2983 Duo du 1er acte : Les deux mères
2984 Par le ciel qui m'entend. Soprano et Ténor.

Petites Vestales.

719 La mer est calme.

La Reine de Chypre (HALÉVY).

740 Triste exilé.

Richard Cœur-de-Lion (GRÉTRY).

741 Duo.

Robert-le-Diable (MEYERBEER).

747 Duo bouffe : Ah ! l'honnête homme.
748 Des chevaliers de ma patrie.

Roméo et Juliette (GOUNOD).

2991 Duo : Nuit d'hyménée.
2992 Duo du 1er acte. Ténor et Soprano.

Le Roi d'Ys (E. LALO).

2996 A l'autel j'allais rayonnant.
2997 Dans un rival je trouve un fils.
2998 Duo de Rozenn et de Margared.

Si j'étais Roi (ADAM).

750 Arrêtons-nous.
2999 Duo du 3e acte. Soprano et Ténor.

Saint-Janvier (TAGLIAFICO).

730 Duo pour Soprano et Ténor.

Samson et Dalila (SAINT-SAENS).

751 Gloire à Dagon.

Sigurd (E. REYER).

3059 Des présents de Gunther.

Sapho (MASSENET).

3063 Duo du 3e acte : Soprano et Ténor.

La Traviata (VERDI).

3069 Duo du 4e acte : Loin de Paris.

Le Trouvère (VERDI).

262 Duo du 2e acte : O ma patrie.

La Vie de Bohême (PUCCINI)

752 Duo du 4e acte : Adieu le Réveil.

Le Voyage en Chine (BAZIN).

3074 Oui, mon cœur est à toi.

TRIOS (Chant)

757. Le Chalet.
758. Faust : Trio du duel.
759. Faust : Trio final.
760. Guillaume Tell.
765. Huguenots : Trio du 5e acte.
766. Robert-le-Diable.
767. Miss Helyett. Trio du 3e acte.
772. Le Trouvère. 1er acte.

QUATUORS (Chant)

773. Faust. Quatuor du jardin.
774. Galathée.
775. Henri VIII.
777. Rigoletto.

CHŒURS d'OPÉRAS

L'Africaine (MEYERBEER).

778. Chœur des évêques.

L'Arlésienne (BIZET).

779. Marche des rois.

780. **Les deux Avares** (GRÉTRY).

Faust (GOUNOD).

3216. Chœur du 1er acte.
781. Choral des épées.
× 782. Chœur des soldats.
783. Chœur des vieillards.

La Fille de Madame Angot (LECOQ).

784. Chœur des conspirateurs.

Les Huguenots (MEYERBEER).

3217. Le Serment.
3218 Le Couvre-feu.
786. Conjuration des poignards.

Hérodiade (MASSENET).

791. Chœur des Romains.

Mireille (GOUNOD).

787. Chœur des magnanarelles.

Rip (PLANQUETTE).

3236. Chœur des bûcherons.

Robert-le-Diable (MEYERBEER).

789. Chœur des moines.

Dans les Commandes il est indispensable d'indiquer les numéros.

Robin des Bois (Weber).

790. Chœur des chasseurs.

Roméo et Juliette (Gounod).

791. Fête chez Capulet.

Richard Cœur-de-Lion (Grétry).

3981. Chœur des paysans.

Le Voyage en Chine (Bazin).

2940. Chœur du cidre.

Mignon (A. Thomas).

×3238. Chœur des buveurs.

Le Songe d'une Nuit d'Été (Thomas).

792. Chœur des gardes-chasse.

Tannhauser (Wagner).

793. Chœur des pèlerins.

CHŒURS DIVERS

803. Chant du départ (Méhul).
806. Estudiantina (Lacôme).
807. Hymne russe.
808 La Marseillaise.
809. Les Montagnards.
×3220. Le beau Danube bleu.
3237. Chanteur des bois.

ROMANCES

825. Célébrons le Seigneur.... Rupès.
828. Le Ciel a visité la Terre. Gounod.
829. L'Extase................. Salomon.
830. Le Pater de la France.... X...
850. L'Anneau d'argent.. ..... Chaminade.
851. Air du Laboureur......... Haydn.
852. Alleluia d'Amour.......... Faure.
853. Au temps des moissons... Flégier.
854. L'Angelus de la mer...... Goublier.
855. Villanelle.............. Eva dell'Acqua
856. L'Amour captif........... Chaminade.
857. Adieu Grenade............ P. Henrion.
858. L'Adieu.................. Schubert.
859. L'Anniversaire........... P. Henrion.
860. Musette.................. F. Thomé.
861. Hymne au Drapeau....... L. Billaut.
862. Au Jardin de mon cœur.. —
864. La Réponse de Suzon.... E. Pessard.
865. Boudeuse................ Zeller.
866. Brise des Nuits......... D'Hach.
867. Le Passeur de la Moselle. Benza.
868. Le Baiser au régiment... Doria.
869. La Boîte à musique...... E. Durand.
870. Le Maître d'école alsacien. Benza.
872. Les Bébés............... Doria.
× 873. Le Biniou.............. E. Durand.
874. Les Bords du Rhin.. .... P. Henrion.
875. Les Bœufs............... P. Dupont.
876. La boîte de Chine........ Yann Nibor.
877. Le Parachute bleu........ Ch. Pourny.
878. Le bon Gîte.............. Bordèse.
879. Berceuse bleue........... Yann Nibor.
882. La Chanson du roulier... Renard.
883. La Chanson des Blés d'or Doria.
884. Chanson naïve........... Billaut.
885. Dans l'oasis............. Queille.
886. Les Deux grenadiers..... Schumann.
887. La Promenade du Paysan P. Dupont.
890. Printemps nouveau...... Vidal.
892. Chant d'amour.......... Bizet.
893. Chanson de printemps.... Gounod.
894. La Cloche............... Saint-Saens.
895. La Charité.............. Faure.
896. Larmes et charmes....... Christiné.
× 897. Le Cor.................. Flégier.
898. Chanson du pain......... G. Maquis.
899. Chanson de Florian...... B. Godard.
900. Comme à vingt ans Durand.
902. Sérénade vénitienne...... J. Urich.
903. Ninon.................... Léo Delibes
904. Ce que j'aime............ Darcier.
905. Le Credo du paysan...... Goublier.
906. Chanson arabe........... B. Godard.
907. L'Internationale......... X...
908. La Carmagnole........... X...
909. Le Clown et l'Enfant..... Goublier.
910. La Chanson de Marinette. Tagliafico.
911. La Czarine.............. L. Ganne.
912. C'était un fils de Rabelais. Fauchey.
913. Le Clairon.............. Déroulède.
914. Chanson du buveur....... Goublier.
915. La Cloche fêlée.......... Charpentier
916. Le Chant du départ....... A. Chénier.
917. Les Cloches du soir....... A. De Rillé.
918. La Chanson des Peupliers Doria.
919. La Chanson du vin ...... Roques.
920. Les griffes d'or.......... Holmès.
921. Menuet.............. Eva dell'Acqua
922. Madrigal................. Holmès.
923. Des Ailes................ Ch. René.
924. Deux enfants de roi...... Holmès.
925. Dernier rendez-vous...... Reyer.
926. Sérénade d'Arlequin... P. Tournaillon
927. Le Dernier beau jour.. .. Dupont.
928. A Colombine............. Massenet.
929. Dans mon verre......... Darcier.
930. Dans les roses. .... Goublier.
931. Le Désir................ Hirlemann.
932. La Dernière gavotte...... Vargues.
933. Espoir.................. Chaminade.
934. David devant Saül........ Bordèse.
935. Dormi pure.............. Scudéri.
936. Toujours seul............ Boieldieu.
937. De sa mère on se souvient toujours............... Goublier.
938. Dernières Etreintes....... —
940. Elie.................... Mendelssohn
942. Sérénade................ Braga.

Dans les Commandes il est indispensable d'indiquer les numéros.

943. Au Printemps............ GOUNOD.
944. Prière.................. —
945. Les Enfants.............. MASSENET.
946. Elle est partie............ GAILHARD.
948. L'Enfant chantait la *Marseillaise*.............. COLLIN.
949. L'Enfant et le Polichinelle MAQUIS.
950. Les Enfants et les Amoureux.................. FLÉGIER.
951. Estudiantina.............. LACOME.
952. L'Etoile confidente....... ROBAUDI.
953. Air de la Symphonie légendaire............... B. GODARD.
954. Frou-Frou................ BENOIT.
955. La Ferme aux fraises.... HERPIN.
956. La Femme du pêcheur.... MAQUIS.
957. France, sèche tes pleurs.. GOUBLIER.
958. Funiculi-Funicula........ DENZA.
959. La Farandole............ H. CHATEAU.
961. La Fête d'Alexandre ! O Bacchus............. HAENDEL.
3233. Douces chansons......... G. CLÉRICE.
964. La Garde qui passe....... VARGUES
965. La Grande berceuse...... G. MAQUIS.
966. La Lande........... GASTON LEMAIRE
967. Ivresses passées.......... —
969. Hymne russe............ LWOFF.
3234. Tes Jolis yeux bleus...... HOLTZER.
971. L'Heure bénie............ FLÉGIER.
972. Hymne d'amour.......... LIONNET.
973. Porte-étendard et Ménestrel.................... LINDPAINTNER
975. Il était nuit déjà.......... DUPRATO.
976. Chant Indou............. BEMBERG.
977. Ivresse d'oiseaux......... DANTY.
978. L'Insensé................ RUPÈS.
979. J'ai pardonné............ SCHUMANN.
980. Le Jasmin............... —
981. Prière à la Vierge........ —
985. Un Jour................. WELLINGS.
986. Je ne la connais pas...... TAGLIAFICO.
987. Je ne la verrai plus..... HŒNING.
988. Je n'ose................. TAGLIAFICO.
989. Jésus de Nazareth........ GOUNOD
991. Je t'aime................ MASSENET.
994. Jacques Bonhomme est toujours là............. BIJUE.
996. Les Louis d'or........... DUPONT.
997. Le Lac.................. NIEDERMEYER
998. Les Myrthes sont flétris.. FAURE.
999. Méditation.............. E. PESSARD
1000. Le Pas d'armes du roi Jean.................. SAINT-SAENS.
1001. Mes Fleurs.............. BILLAUT.
1002. La Légende du Berger... GANGLOFF.
1003. Marche des petits pierrots BOSC.
1004. La Truite................ SCHUBERT.
1005. Voisinage............... CHAMINADE.
1006. Au Bras de l'aimé........ LEVADÉ.
1007. Les Trois Hussards...... NADAUD.
1008. Tes yeux, ô ma bien aimée............ MURAOW LE PETIT
1009. Floraison................ MARTY.
1010. La Marche Lorraine...... GANNE.
1011. La Marseillaise...... ROUGET DE L'ISLE
1012. Marguerite.............. GOUNOD.
1013. Mandolinata............. PALADILHE.
1014. Les Mamans............. DELMET.
1015. Ici-bas.................. DUPRATO.
1016. Le Menuet royal .... VARGUES.
1017. Déesse et Berger........ DUPRATO.
1018. Idéale................... PAOLO TOSTI.
1019. La Chevauchée du Cid... GOUNOD.
1020. Sérénade............... JOACHIM RAFF
1022. Rêverie.................. SAINT-SAENS.
1023. Voici l'Avril............. L. DANTY.
1024. Ne doute plus........... BAROTTA.
1025. Noël intime............. J. BERGER.
1026. Un doux bien............ DELBRUCK.
1027. Dans le printemps de mes années................. GARAT.
1028. Noël païen.............. MASSENET.
1029. Noël aux quatre vents.... GOUBLIER.
1030. Sérénade................ P. VIARDOT.
1031. Naples.................. A. D'HACK.
1032. Noël.................... HOLMÈS.
1033. Croix de bois mort....... SALZEDO.
1034. Noël.................... ADAM.
1035. Le Noël des Gueux.. GÉRALD-VARGUES.
1036. Ariette et Pergolèse...... WEKERLIN.
1038. Noël des matelots........ E. TREMIZOT.
3221. Ninon................... A. DE MUSSET
3222. Par le sentier............ TH. DUBOIS.
3223. Pourquoi je t'aime....... N...
3224. C'est tout mon cœur que je t'apporte............ GOUBLIER.
3225. Harmonie du soir........ —
3228. Dormeuse............... P. MARINIER.
3230. Flirteuse............... STANISLAS.
1040. Amoureuse........ RODOLPHE BERGER.
1041. En un rêve.............. ED. MISSA.
1042. Stances à la nuit......... L. BILLAUT.
1043. Achetez mes belles violettes............ L. FONTBONNE.
1044. Silence.................. E. ROUX.
1045. Ouvre tes yeux bleus..... MASSENET.
1046. Oiseaux légers........... GUMBERTS.
1047. Oh ! le beau rêve........ FLÉGIER.
1049. La Pavane.............. VARGUES.
1050. Le Pays des Roses........ A. PETIT.
1052. O chers petits........... FONTENAILLE.
1053. L'Élégie................ MASSENET.
1054. Nuit d'Espagne.......... —
1055. Le Pressoir.............. FAURE.
1056. Pensée d'automne........ MASSENET.
1057. Pauvres fous............ TAGLIAFICO.
1058. Première fleur du printemps.................. CŒDÈS.
1059. Pauvres amoureux........ TAGLIAFICO.
1061. La Paloma.............. YRADIER.
1062. Prière du soir............ GOUNOD.
1067. Le Printemps dans mon verre................ QUEILLE.
1068. Près d'un berceau........ CRESSONNIÈRE
1069. Le Petit caporal......... FANECHON.
1070. Palerme................ D'HACH.
1071. Crépuscule.............. MASSENET.
1072. Il pleuvait............... —
1073. Enchantement........... —
1075. Les Larmes.............. REYER.
1077. Vieil air, jeune chanson. F. THOMÉ.
1079. Romance à mamz'elle Carabin................ PESSARD.
1081. Quand l'oiseau chante.... TAGLIAFICO.
1082. Quand même........... GABRIEL GRAS
1083. Qui vive?.............. AMAT.

Dans les Commandes il est indispensable d'indiquer les numéros.

N°	Titre	Auteur
1060.	Gente Meunière	L. Bergé.
1064.	Deux sous d'amour	J. Clérice.
1065.	Enlace-moi	E. Mathé.
1074.	Fleurs de Paris	J. Clérice.
1076.	Si vous saviez	Sourillas.
1078.	En tristesse	Lepetit.
1080.	Noël d'enfant	Ed. Missa.
1065.	Adieux	G. Chardon.
1066.	Confidence	Blasini.
1087.	Rose	Reber.
1084.	Qui veut ma brune ?	Goublier.
1091.	Titania	Lemaire.
1093.	Les Rameaux	Faure.
1095.	Le Roi Champagne	Maubert.
1097.	Le rêve du prisonnier	Rubinstein.
1098.	Rencontre	Flégier.
1101.	Le Roi s'amuse	Andréon.
1102.	Si tu veux, mignonne	Massenet.
1103.	Le Soir	Gounod.
1104.	Sérénade	—
1105.	Si tu m'aimais	Denza.
1106.	Si j'étais jardinier	Chaminade.
1107.	Stances	Flégier.
1109.	Sambre et Meuse	Planquette.
1110.	Si vous ne m'aimez plus	Goublier.
1111.	Les Sapins	P. Dupont.
1112.	Sérénade	Schubert.
1113.	Sérénade de Severo Torelli	Schatté.
1115.	Le Soldat de Marsala	Nadaud.
1116.	Si vous saviez	P. Henrion.
1117.	Le Secret de Bébé	Boissière.
1119.	Sonnet aux Etoiles	Billaut.
3235.	Pigeon vole	J. Archambault.
1121.	Le Temps marche	A. Petit.
1122.	La Toussaint	Lacome.
1123.	Te souvient-il ?	Holmès.
1124.	Le Tonneau de Maître Pierre	Vargues.
1125.	Le Temps des Cerises	Renard.
1126.	Tout près du moulin	Goublier.
1130.	Un Mariage d'oiseaux	Cœdès.
1131.	Un bal d'oiseaux	Lacome.
1133.	Bonjour Suzon	Faure.
1134.	Violettes fanées	Félicie Rameau.
1125.	Arioso	L. Delibes.
1136.	Le Vallon	Gounod.
1137.	Vous êtes si jolie	Tagliafico.
1138.	La Véritable Manola	Bourgeois.
1139.	La Voix des Chênes	Goublier.
1140.	Veux-tu	Venzel.
1141.	Le Vin de Marsala	Vargues.
1142.	Le Violon brisé	Herpin.
1143.	Verse Margot	Doria.
1145.	Le Vin fait oublier la femme	Monas.
1146.	La Valse des feuilles	Abadie.
1148.	Le Vin du Rhin	Goublier.
2418.	Marche russe	Ganne.
1151.	Sérénade du Passant	Massenet.
1152.	Medjé	Gounod.
1155.	A Toi	Schumann.
1161.	Madeleine	Darcier.
1163.	Les Ramiers	Wachs.
1164.	Les Cerises	Dupont.
1172.	D'où venez-vous?	B. Godard.
1173.	Viens, mon bien-aimé	Chaminade.
1176.	Marie-Magdeleine	Massenet.
1177.	Mon Credo	Widor.
1188.	Rappelle-toi	Rupès.
1199.	Aimons-nous	Saint-Saens.
1204.	Rêves	Wagner.
1706.	France adorée	Cécile d'Orni.
1707.	Ce que c'est qu'un drapeau	de la Marel.
1735.	Le Ménétrier	Schumann.
1750.	Chansons et Rêveries	—
1764.	Violettes de Mars	—
1769.	Ton regard	—
1778.	Etoile du Matin	Saint-Saens
1779.	Madeleine	—
1905.	Prends garde à toi	Mendelssohn
1906.	Souviens-toi	—
66.	Hymne à la nuit	Gounod.
2715.	Le Moussaillon	Yann Nibor.
2541.	Fournaise	Darcier.
1488.	Le Credo des 4 saisons	A. Mutel.
1189.	Lamento	A. Bisetzka.
1190.	Pourquoi ne plus m'aimer	A. Margis.
2973.	Sérénade de Ruy Blas	V. Hugo.

RÉPERTOIRE MERCADIER

1591. Aubade à la lune.
1592. Anciennes et nouvelles.
1593. L'Amour est fugitif.
1594. A quoi tient l'amour ?
1595. A Bagnolet.
1596. L'Amant philosophe.
1597. Bonjour Suzon.
1601. Blondinette.
1602. Petit pioupiou.
1603. Première visite.
1604. Quand vous serez vieilles.
1605. Après la rupture.
1606. C'était un rêve.
1609. Ce soir.
1610. Celle qu'on aime.
1612. Plaisir d'amour.
1613. L'Amour vainqueur.
1614. La Chanson des Saisons.
1615. Ballade du vent.
1616. J'ai dit à mon cœur.
1617. Si j'étais votre amant.
1618. Les Larmes de la vie.
1621. C'est Polichinelle, mamz'elle.
1622. La Closerie aux genêts.
1623. Le Cœur de la Femme.
1624. La Capucine.
1625. Brune au jolis yeux.
1626. Dans nos ménages.
1627. Congé à Nini.
1628. Petite femme qui passe.
1629. Riri.
1630. Quitte ta chemisette.
1631. Oh ! la méchante.
1632. Donne-moi ton baiser, Suzon.
1633. Le Dernier baiser.
1634. Dites-moi si vous avez un cœur.
1635. Des Italiens chantaient la Mandolinata.
1636. Dors mon gars.
1637. Les Enfants et les Mères.
1638. Représailles d'amour.
1644. J'ai placé mon cœur.
1650. Il faut voir la lune.
1651. La Fraise aux bois.
1653. Jeanne, rappelle-toi.
1658. J'ai trouvé trois filles.
1659. J'ai brûlé ton portrait.

Dans les Commandes il est indispensable d'indiquer les numéros.

1660. La Leçon de gavotte.
1665. Le Langage des yeux.
1666. Madeleine t'en souviens-tu ?
1670. Mensonges.
1671. Mimi.
1672. Lettre à la première.
1674. Les Yeux de l'aimée.
1676. De Profundis d'amour.
1677. Nouveau plaisir.
1678. Noël à Madame.
1680. Premier froid.
1681. Ninon-Nina.
x1687. Le Portrait de Mireille.
1692. Pour cueillir la fraise.
1693. La Première fleur.
1694. Près des cieux.
1695. Par la fenêtre.
1696. Le Passeur du Printemps.
1697. Pour l'amour de Dieu.
1698. Les Petites mères.
1699. Pour toi.
1700. Pour plaire aux femmes.
1710. Quand les lilas refleuriront.
1711. Retour au Nid.
1713. Refrain à Madelon.
x1715. Rire, pleurer.
1716. Ressemblances.
1720. Si les femmes savaient.
1722. Séparons-nous.
1723. Sentinelles, veillez !
1724. Sous la forêt brune.
1725. Sérénade à Suzon.
1726. Si vous le vouliez, ô Mademoiselle !
1727. Le Sixième étage.
1730. La Terre.
1731. Tout comme les autres.
1732. La Tour Saint-Jacques.
1733. Ton cœur s'est lassé.
1736. Un mois d'amour.
1738. Visite à Ninon.
2536. Rose de Mai.
2569. Les Prisonniers roses.
2575. Les Objets d'art.
2576. Mes Maîtresses.
1066. Prends garde au vent.
1667. Nous parlons du passé.
1717. Bonsoir Madame la Lune.
1718. Bébé à l'Eglise.
1719. Ma Ninette,
1728. Etoile d'amour.
1737. Juanita.
1745. Suzon t'as raison.
1748. Ressouvenance.
1754. La Femme est un jouet.
1759. Selon la saison.
1765. Envolés.
1773. Silhouettes d'amants.
1774. Pour plaire à Colombine.
1781. Ultime raison.

RÉPERTOIRE MARÉCHAL

871. Le Foin.
880. On se crève.
888. Souvenir de Marinette.
889. Va mon cœur, va.
962. La Gran Via (Valse du Rastaquouère).
1598. Battez, tambours.
1599. Buvons sec.
1600 Le Buveur philosophe.
1607. Comme elles aiment.
1608. C'est le Médoc.
1619. Le Curé printemps.
1620. C'est si gentil.
1640. La Fête des Parisiennes.
1642. La Fête des amoureux.
1643. Les Femmes de la main gauche.
1641. Ça vous coûte si peu.
1652. L'Immortelle chanson.
1673. Ma Femme.
1679. O ma Suzon !
1688. Petits chagrins et grandes peines.
1689. Parisienne-Polka.
1690. Porte-Close.
1691. Le Petit Bleu bourguignon.
1712. Rôdeuse.
1714. Rien que ton baiser.
1721. Songe rose.
1739. Le Vicaire de mon village.
1639. Restons camarades.
1645. La Chanson des Jouvencelles.
1646. La vraie amour.
1647. A travers la vitrine.
1648. Ohé ! Monsieur le Tavernier.
1649. L'Amour anglais.
1654. Vive la Femme.
1655. En allant au magasin.
1656. J'aime les Provençales.
1657. Vive l'armée.
1662. Le Réveil-matin.
1663. La Valse de la neige.
1664. Nuit sans lune.
1669. Versez à pleins bords.
1683. Les Malheureuses.
1684. Ces petites femmes-là.
1685. Faubourienne.
1686. Le Faubourg s'éveille.
1701. Marquise.
1703. Avec 2 sous de pommes de terre frites.
1704. J'aime encore mieux ma femme.
1705. Partie de campagne.
1740. Verse toujours, Lisette.
1741. Le Vin rosé.
1742. Vous en auriez fait autant.
1743. Le Vin des femmes.
2420. La Petite Michette.
1682. La Neige.
1729. Tapez, Messieurs.
1744. Le Vieux voyou.
1661. La Légende des Trottins.
1611. La Carmagnole des femmes.
1709. Le Quartier en ballade.
1668. La Marche des Cambrioleurs.
2109. Versez encore, versez, morbleu.
2041. Le Pandero.
2681. Jarnic, verse-moi du vin bleu.
2652. Saute, La Margot.
2624. Le Testament de Pierrot.
2625. Le Coffret.
2626. Chanson des Heures.
2627. Capucin, Capucine.
2628. Berceuse-Xavier Privas.
2629. Sérénade des Mandolines.
2632. Au temps des Noisettes.

Dans les Commandes, il est indispensable d'indiquer les numéros.

2640. L'homme noir.
2641. Lettre d'un petit Soldat.
2642. Chanson des Clochetons.
2644. Légende de Saint-Nicolas.
2646. Douce chanson.
2648. Vive la chanson.
2651. Ce que dit la chanson.
2655. Les trois sonneurs.
✶2657. Ballade du Confetti.
2659. C'était deux amoureux.
2660. Voyage à Robinson.
2663. L'ami Soleil.
2664. Tambour du régiment.

RÉPERTOIRE ROSCA (des Ambassadeurs)

3260. La France avant tout.
3261. C'est mon gas pourtant.
3265. Peine légère.
3266. Adieux d'amants.
3267. La Valse des amours.
3268. Les trois âges de l'amour.

TYROLIENNES (Interprétées par Mme ROLLINI)

1118. Sérénade de Gilotin.
1201. A la Plaza.
1202. C'est dans le nez que ça m'chatouille.
1203. La Choriste de l'Opéra.
1205. Mamzelle la Itou.
1206. Andalousie.
1207. Brise d'amour.
1208. La Chanson du Cornemuseux.
1209. Doux échos.
1210. La Fleur du Tyrol.
1211. Les Canards tyroliens.
1212. Cascarinette.
1213. La Chercheuse de clair de lune.
1214. Le Coucou.
1215. La Dernière sérénade.
1216. L'Enfant de la Fôret Noire.
1217. La Gardeuse d'ours.
1218. Ma Bergère.
1219. Monsieur Beautemps.
1220. Le Morvandiau.
1221. Le Pâtre des montagnes.
1222. Première Sérénade.
1223. Prince et Bergère.

RÉPERTOIRE BERGERET (Tyroliennes et Fantaisies)

1224. Aventure aux bains de mer.
1225. Avec ça.
1226. Le Boléro de l'Etudiant.
1227. L'Echo du Vallon.
1229. L'Echo des montagnes.
1231. Le Mauvais côté de la chose.
✶1233. Le Petit vitrier.
1234. Sérénade du Tyrolien.
1235. Sérénade des Coucous.
1236. Sur le pont d'Avignon.
1237. Tourterelle et Tourtereau.
1238. Tyroliénomanie.
✶1240. Amour et mandoline. (Imitation de Mandoline).
1242. La Biche au Bois. (Avec cor de chasse.)
1243. Babillage d'oiseaux.
1244. Clairon de caserne (Avec clairon.)
1246. Chouya l'Arbi. (Avec clairon).
1247. La Chasse aux lièvres.(Avec cor de chasse.)
1248. Marchand d'Ocarinas. (Ocarina.)
1249. Revue des animaux. (Imitation cris d'animaux.)
1251. Les Turcos. (Avec clairon.)
1250. Siffleur d'oiseaux. (Imitation d'oiseaux.)
1252. Un Tas de bêtises. (Imitation de Mandoline.)
1253. Ceux de la classe (Avec clairon.)
1254. Pour défiler en avant. (Avec clairon.)
1255. Retour du Dahomey. (Avec clairon.)
1256. Régiment-marche. (Avec clairon.)
1257. Rondes des Turcos. (Avec clairon.)
1258. Le Coupé de Lise (Tyrolienne.)
✶1150. Zouaves et Turcos. (Avec clairon.)
1523. Chanson du sac. (Avec clairon.)
2003. Imitations d'animaux.
2378. La Dahoméenne. (Avec clairon.)

Répertoire des Cafés-Concerts

RÉPERTOIRE POLIN

1836. Aventure de troubade.
1837. Aventure de piou-piou.
1838. A la Caserne.
1839. L'Anatomie du Conscrit.
1840. La Balance automatique.
1841. Avec ma demi-mondaine.
1842. Ballade amicale.
1844. La Bonne et la Maitresse.
1845. La Boiteuse du régiment.
1846. La Ballade militaire.
1847. Bête avec les bonnes.
1848. Briquemolle et son camarade.
1849. La Bonne de Saint-Antoine.
1850. Souvenir du Patelin.
1851. Le Petit Marmot.
1852. Le Rendez-vous d'Elise.
1853. Le Pépin de la Dame.
1854. Ah ! mon colon.

Dans les Commandes il est indispensable d'indiquer les numéros.

1855. Ça vous fait quelque chose.
1856. Cantinière (Marche.)
1857. La Consigne embarrassante.
1858. La Dernière Carotte.
1859. Le Déserteur.
1860. Elle m'a eu.
1861. Le Départ pour Loches.
1862. Trop froide.
1863. Les Questions de Louise.
1864. La Fête à l'Esplanade.
1865. L'erreur de l'Infirmier.
1866. La Guérite introuvable.
1867. L'Heureux tourlourou.
1868. J'suis content.
1869. L'Automobile du colon.
1870. J'ai pleuré comme une bête.
1871. Lettres d'un soldat des Colonies.
1872. Je viens d'être enlevé.
1873. La Vénus du Luxembourg.
1874. Le Planton embarrassé.
1875. J'y comprends rien.
1876. Mon Bain de vapeur.
1877. Les Jurons de Bridouillac.
1878. Mon Petit Cœur.
1879. Masseur.
1880. Ma Gertrude.
1881. Marchons légèrement.
1882. Ma Grosse Julie.
1883. Nous étions sept.
1884. La Couveuse.
1888. Le Troupier fidèle.
1890. La Main z'à la plume.
1891. Le Moine du Commandant.
1892. Ohé Cantinière !
1893. Pour m'amuser.
1894. Quand j'suis de sortie.
1895. Pauvre Sentinelle.
1896. Bridou au théâtre.
1900. La Promenade aux Tuileries.
1901. Quel malheur !
1902. Quand la classe viendra.
1903. Quatre timbres de trois sous.
1904. Les Questions du bataillon.
1910. Les Rêves.
1911. Rien, rien, rien.
1912. Rigolard et Pleurnichard.
1920. La Sortie de Balluche.
1921. Le Soldat Batopieu.
1922. Sur la route de Narbonne.
1923. La Sentinelle rageuse
1924. Situation intéressante.
1925. Sur les routes.
1929. Les Tribulations de Bidochat.
1930. Le troupier bicycliste.
1931. Un Drame dans la Colonne.
1932. Une conquête militaire.
1933. Voulez-vous du tabac.

RÉPERTOIRE OUVRARD

1734. La Jeune fille de Chelles.
1749. Rencontre espagnole.
1750. Ah! la pauvre fille.
1751. Au Conseil de revision.
1752. A droite, au fond.
1753. Avec Ugène.
1755. La Clarinette fin de siècle.
1756. Le Premier et le Second.
1757. Il rigolait tout le temps.
1760. Et ta sœur.
1761. En s'en allant dans un bateau.
1762. Guigne en haut, guigne en bas.
1763. Huit jours de clou.
1766. La lettre à papa.
1768. Ma petite sœur Euphrasie.
1770. Priez pour eux.
1771. La pièce militaire.
1772. Rien qu'un doigt.
1775. Toinette et Colin.
1776. Tout l'fourbi.
1777. Le Tabac du capitaine.
1780. Virgule, un point, c'est tout.
1785. Youp, youp Larifla.
2380. Devant la colonne Vendôme.
2457. Recettes utiles.
2169. Tra la la.

RÉPERTOIRE MAUREL

1787. Alors si on est d'accord.
1788. A Montparnasse.
1790. C'est vilain les femmes.
1791. Cette petite femme-là.
1793. Chauffeur d'automobiles.
1796. En visite.
1800. La Chanson des Pantalons.
1801. En marche.
1802. Frisette-polka.
1803. La Grosse Dame.
1804. La Ronde des bourgeois.
1805. Le Lancier de M. le Préfet.
1806. J'ai perdu ma gigolette.
1807. J'ai quelque chose qui plait.
1808. Souvenirs de dèche.
1810. La Marche des vieux beaux.
1811. La Demi-Vierge.
1812. Le Pauvre Ouvrerrier.
1813. La Ballade des agents.
1814. La Bonne du Curé.
1815. Ma Jolie conquête.
1816. Ne Jurez pas aux femmes.
1819. Teuf, Teuf.
1820. O Cunégonde !
1821. Où donc ça s'en va.
1823. Pour faire quelque chose.
1825. Le Portrait d'horizontale.
1826. Les Puces.
1828. Quand revient le printemps.
1829. Le Cinématographe.
1830. Quand j'étais au Bon-Marché.
1831. Si la Compagnie.
1832. Quand je suis une modiste.
1833. Le lièvre de la plaine Saint-Denis.
1834. Les Terrains de Saint-Quentin.
1835. Sur l'Boul'Mich.
2341. L'Apparition.
2350. Le Bavard.
2103. Le printemps s'annonce.
2105. Ah! petite femme.
2108. Midi qui sonne.

Dans les Commandes il est indispensable d'indiquer les numéros.

DUOS COMIQUES

(Deux hommes)

2202. Nous faisons sentinelle.
2321. Bois-sans-soif et Bec-Salé.
2322. Les Chevaliers du guet.
2323. Dufignerd et Groslardon.
2324. Les Deux pochards.
2325. Les Gendarmes à pied.
2326. En dodelinant de la tête.
2327. Les Gascons.
2328. Nous avons levé le pied.
2329. Paigrio et Barbotto.
2330. Soufflavide et Grattamort.
2331. Les Saisons poético-réalistes.
2332. T'es content, Vincent.
2333. Ah! que c'est triste.
2334. La Noce des Bigophones.
2336. Oui, ma Sargent.
2339. Le Saucisson de Lyon.
3004. Les Deux Répertoires.
3005. Marseille-Bordeaux.
3006. En revenant de Charenton.
3007. Legros.
3010. Ramollot et Ronchonot.
3011. Sucecanelle et Lichamort.

RÉPERTOIRE PAULUS

1260. Ah! l'amour.
1261. Adieu mon vieux Paris.
1262. L'Anglais embarrassé.
1263. Aventure espagnole.
1265. L'Amant de la Tour Eiffel.
1266. Le Canard marseillais.
1268. Bal blanc.
1269. Le Beau chef de musique.
1270. La Boiteuse.
1271. Le Bon Moine.
1274. Champagne.
1275. La Chaussée Clignancourt.
1277. C'est gentil d'être venu.
1279. Le Cheval du municipal.
1280. C'gredin de printemps.
1281. Circulez.
1282. Comica serenada.
1285. Les Bordelais sont toujours gais.
1286. Les Douze Négresses.
1287. Derrière la musique militaire.
1288. Le Domestique de Dagobert.
1289. Le Duelliste provençal.
1290. Devant la Samaritaine.
1291. Les Deux Noblesses.
1292. Derrière l'omnibus.
1293. Drapeau vert et bâton blanc.
1294. La Grosse Caisse sentimentale.
1295. En revenant de la revue
1296. Les employés d'administration.
1297. Elles en pincent pour moi.
1299. Les Exploits d'un trombone.
1300. Gentil avec les dames.
1302. L'Erreur du Pochard.
1306. Les Gendarmes qui passent.
1307. Les Gardes municipaux.
1308. Les Garçons de recette.
1310. Je m'en fiche pas mal.
1311. Il se promène.
1312. L'Invalide belge.
1313. Je l'ai gagné.
1314. La Levrette de la Marquise.
1315. La Légion étrangère.
1320. Madame et Monsieur.
1321. La Musique de la garde.
1322. Le Maître sonneur.
1323. Oh! la blague.
1324. Le Père la Victoire.
1325. Paris-Volupté.
1326. Le Pompier de service.
1327. Le Printemps s'avance.
1328. Polka des English.
1329. Le P'tit bleu.
1330. La Polka des Chonchons.
1331. Le Procès-verbal.
1336. Le Rieur.
1337. Monsieur Rodin.
1340. Le Serrurier.
1341. Le Suisse.
1342. Le Sifflomane.
1344. Les Statues en goguette.
1349. Tout le long, le long.
1350. Le Tambour-major amoureux.
1351. Trois, rue du Paon.
1352. Le terrible méridional.
1355. Un tour de valse.
1356. Un Drame à Falaise.
1357. Un Air de mazurka.
1358. Un vieux Coq.
1362. Viens donc.
1363. La valse du vin rose.
1364. La Valse de l'or.
1365. Le Valseur fin de siècle.
2365. C'est toi. — C'est moi.
2177. Une heure de patinage.

RÉPERTOIRE SULBAC

1941. Le Jeune homme de Sceaux.
1942. A travers Paris.
1943. Quand j'irai dans le Ciel.
1944. Idioties.
1945. Les Prénoms.
1946. Dupont et Dubois.
1948. Le Marchand de robinets.
2373. Chamouillé au Music-Hall.
2390. La Femme tatouée.
2439. Pas curieux.
2413. Ma cousine de Paris.

Dans les Commandes il est indispensable d'indiquer les numéros.

RÉPERTOIRE KAM-HILL

3254. Les Bons gendarmes.
3255. Les Gauleurs de pommes.
1952. La Chartreuse.
1953. Le Cocher.
3256. Les Quatre z'invalos.
1956. Voyage ministériel.
1959. L'Inauguration.
3257. La Retraite aux lampions.
1963. La Leçon de couture.
1970. Ous'qu'est Saint-Nazaire.
1971. L'Omnibus de la Préfecture.
1972. Le Pendu.
1980. La Ronde du garde champêtre.
1981. Sans le vouloir.
1982. Un bal chez le Ministre.
3258. Nos Bons villageois.
1990. Les Vaches.
2293. Les Héritiers.
2449. Le Rideau de Catherine.

RÉPERTOIRE VAUNEL

1991. Ah ! mes enfants.
1992. L'Anglais entêté.
1993. L'Anglais épaté.
1995. Cinq minutes à l'Armée du Salut.
1996. Le Chanteur bavard.
1997. Le Contrôleur d'omnibus.
2002. Garçon fin de siècle.
2010. Le Muet mélomane,
2013. Le Scandale.
2018. Tiens, voilà la caserne.
2043. Les Cris de Paris.

RÉPERTOIRE RESCHAL

2019. Adieu ! la Môme.
2020. Ah ! les Poires.
2028. Les Amoureux de Pantin.
2029. Ah ! quelle poire.
2030. Ballade à la gosse.
2031. Les Ballandard.
2032. La Ballade des Cocufiés.
2035. Quand on est seul.
2036. Le Chanteur des cours.
2040. Dans les Sentiers
2045. Effets de printemps.
2046. L'Exposition mirlitonesque.
2047. La Fête du patron.
2048. La Gosse.
2049. Les Impôts nouveaux.
2055. J'aime pas les Sergots.
2056. Jean-Bon-Cœur.
2057. Lettre à la Margotte.
2066. La Môme Angèle.
2067. Une mauvaise Mascotte.
2069. La Môme aux grands yeux.
2070. Les Noctambules.
2076. Paris-Sport (nouvelle version).
2077. Plumes de Paon.
2078. Pour avoir la fille.
2080. Qui veut des plumes de Paon?
2085. Rouflaquette-Polka.
2086. Les Racontars de mon portier.
20*7. Stances printanières.
2088. La Sérénade du Baigneur.
2089. Le Souffleur.
2090. La Saison des poires.
2095. Tirelonlaire la Cantinière.
2099. La Valse de la Mariée.
2100. La Vie de Famille.
2101. La Valse de la Patronne.
2102. Vive le Célibat.

DUOS COMIQUES

(Hommes et Femmes)

3009. La Chandelle.
3013. Cocotte et Potache.
3014. Les Cantiniers.
3015. Page d'amour.
3016. Merci bien.
3017. L'Amour à l'enchère.
3018. Petite flûte et Cordon bleu.
3019. Musique d'antichambre.
3021. Oscar et Eulalie.
3023. Chez la Gantière.
3025. Le Ménage parisien.
3027. Nos domestiques.
3029. Les Vélocipédards.
3031. Vive la musique militaire.
3033. Frites et marrons.
3035. Pas de fumerons.
3037. Paul et Virginie (Parodie).
3039. Alphonse et Nana.
3041. L'Examen.
3043. Trois pour un sou.
3047. Sidonie et Adhémar.
3048. Amants.
3049. Leçon de choses.
3053. Trompette et Tambour.
3054. Trombone et sifflet.

Dans les Commandes il est indispensable d'indiquer les numéros.

RÉPERTOIRES DIVERS

1039. Marjolaine.
2342. Après le déluge.
2346. L'Amour n'aime pas le froid.
2352. Ballade du pochard.
2353. Bouderie d'amoureux.
2354. La Bouquetière des Courses.
2355. Bébé.
2356. Les Cochons.
2358. Le Conseiller des Demoiselles.
2359. Le Conseil animal.
2360. Les Ecrevisses en cabinet particulier.
2363. Chez la Modiste.
2368. Le Chat de Pauline.
2369. Promenade sous bois.
2370. Le Fromage marche.
2371. La Valse des pierreuses.
2374. Les Dames parisiennes.
2375. Le Démissionnaire.
2376. Les Deux cabots.
2377. Dernière culotte.
2382. Le Départ des Bleus.
2387. Facteur et Rosière.
2389. Les Femmes suaves.
2391. La Fauvette infidèle.
2392. Faux ménage de Rossignols.
2396. La Gosse à ma Tante.
2397. Gratifications.
2398. Garçons à marier.
2399. L'Habilleuse.
2400. Il pleut des caresses.
2401. Jaloux des Bêtes.
2402. Je suis câline.
2403. Les Jeux à tous les âges.
2404. Ma mère m'a mariée.
2405. Plaisirs du Printemps.
2406. Sur le boulevard Rochechouart.
2407. La Légende des trois cavaliers.
2408. Lon lon la.
2409. Mobilier de garçonnière.
2410. Mon Grand-Père.
2411. Mam'zelle Colignon.
2415. La Marmite.
2419. Mes Deux Gosses.
2421. Mon Gosse.
2422. Les Monômes.
2425. La Noisille.
2426. Les Trois Pèlerins.
2427. Monsieur Grippe-Sous.
2429. Nos Camarades.
2430. La Poitrine.
2431. La Palotte.
2434. Le Père Barbançon.
2435. Ah! qu'c'est bon de prendre l'air.
2437. Pistache-Polka.
2438. Polyte (Parodie de Mireille).
2441. La Polka des Fossettes.
2442. Les Péchés de Brigitte.
2443. Le Page amoureux.
2445. Quand on est Cocu.
2447. Quand on a travaillé.
2448. Qualificatif.
2451. Le Refrain du Merle.
2458. Rosette la Blanchisseuse.
2459. Simples recettes.
2460. La Sale rosse.
2462. La Sœur de l'Orphéoniste.
2463. Sérénade d'elle à lui.
2466. Le Sonneur de Notre-Dame.
2467. Gros et détail.
2469. Tripière et Tambour-Major.
2471. Tout à deux sous.
2473. Tire tes pieds.
2474. Ta-ma-ra-boum, je l'suis.
2475. Un Vieux farceur.
2478. Un Bal à l'Hôtel-de-Ville.
2479. La Valse des Cocus.
2480. Les Vieux abonnés.
2481. La Valse des Chopines.
2482. Verse, ma vieille.
2483. Vive les Fins-de-siècle.
2484. La Verdi, la Verdon.
2489. L'Invalide à la tête de bois.
2493. Les Sportives.
2498. Un Monsieur chatouilleux.
1298. En revenant de Suresnes.
1343. La Saint-Boute-en-train.
1405. L'Homme est-il parfait?
1422. Le langage des doigts.
1436. Le Nouveau Jeu.
1471. Les Toutous.
1767. La Machtagouine.
1960. Les Filles de Pontoise.
2098. La Valse polissonne.
1702. Frêle Parisienne.
2171. As-tu vu la Ferme.
2183. Un tas de bêtises.
2173. Pet-Tchi-Li.
2039. Les Hommes raffolent de ça.
2042. Elections dans les branches.
2043. Les Deux Jean.
2044. J'ai trompé mon mari.
2051. Tireli.
2052. Attraits de Pariglotte.
2053. La Polka des Flaneurs.
2054. L'Amazone de Kana.
2060. Une partie de canot.
*2062. Ne m'chatouillez pas.
2064. La Grande Roue de Paris.
2068. Carmagnolons.
2071. Vlan.
2072. Le Revenant.
2075. Les Vins de la Cocotte.
2209. Le Paysan antirépublicain.
2210. Le je m'enfichiste.
1228. Marmite à Saint-Lazare.
2211. V'la le Rétameur.
2079. Polka des amoureux.
2082. Le Duc et la Bergère.
2083. R'tir'ton doigt d'là.
2084. C'est le Régiment qui passe.
2115. A Minuit.
2116. Mère moderne.
2134. Ronde comme un tambour.
2136. Le Vieux Chauffeur.
2137. Ha! Hi! Ho! Hu!
*2138. Un Quadrille à la Préfecture.
2144. Les premières chaleurs.
2152. Les Nichons de ma mie.
2706. Lettre d'un mari trompé.
2631. Ohé! Dupont! Ohé! Dubois!
1485. Le Régiment des Sans-Soucis!

Dans les Commandes il est indispensable d'indiquer les numéros.

Répertoire des Cabarets Montmartrois

CHANSONS & CHANSONNETTES

RÉPERTOIRE YVETTE GUILBERT

1366. Au dodo.
1367. L'Aveugle et le Paralytique.
1370. Berceuse verte.
1374. Les Conseils de la Grande Sœur.
1376. Les Cabotines.
1377. La Chanson de l'Epoux.
1378. Chagrins maternels.
1379. La Débrouillarde.
1380. D'Elle à Lui.
1382. Les doublures de théâtre.
1383. Les deux pommes d'api.
1384. Les demoiselles à marier.
1385. Les demoiselles de Pensionnat.
1390. Effets de lune.
1391. Eve interviewée.
1392. Les Filles.
1394. Les Femmes mariées.
1395. Fleur de berge.
1396. Family House.
1400. Gare les rayons X.
1401. Les Gaffes téléphoniques.
1402. La Glu.
1403. Le Goupillon.
1404. Les Grues.
1406. Héloïse et Abélard.
1407. Idylle normande.
1408. L'Ingénue de Grenelle.
1413. Je cherche un petit jeune homme.
1414. Les jours qu'il fait froid.
1415. La Jarretière.
1420. Leurs filles.
1421. La Langue.
1423. Le lapin de Jeannette.
1424. La laideur des hommes.
1430. Mon beau-frère.
1431. Madame le Docteur.
1433. Maitresse d'Acteur.
1437. Nerveuse.
1442. Les petits couchers.
1443. Le petit panier de Pierrette.
1444. La Pieuvre.
1445. La Pierreuse.
1446. Les petits vernis.
1447. Le petit modèle.
1448. Pompette.
1449. La Promise.
1450. Les petites chatteries.
1451. Le petit cochon.
1452. La Pocharde.
1453. Le papillon qui passe.
1454. Les petits péchés de la rosière.
1455. Les quatr'zétudiants.
1456. Quand ça l'prend.
1432. Mari, femme et enfant.
1457. Les réponses de Virginie.
1460. Souvenirs de Vierge.
1462. Le Secret des Hommes.
1464. Les six potaches.
1465. Sainte Galette.
1466. La Soularde.
1469. Tu payes un bock.
1470. Le trou du chat.
1472. Les trois petites filles.
1473. Le train de ceinture.
1476. Les vieilles cocottes.
1477. Les Vierges.
1478. Les Vieux Messieurs.
1480. Si tu savais, ma Chère.
1481. Le Fiacre.

RÉPERTOIRE ARISTIDE BRUANT

1490. Au bois de Vincennes.
1491. A la place Maubert.
1492. A la Goutte d'Or.
1493. A la Madeleine.
1494. A Grenelle.
1495. A Mazas.
1496. A Montrouge.
1497. Amoureux.
1498. A la Roquette.
1499. A la Villette.
1500. A Batignolles.
1501. A la Glacière.
1502. A la Chapelle.
1503. A la Bastille.
1504. A Montparnasse.
1505. A Montmartre.
3170. Heureux.
3171. Trempé.

Dans les Commandes il est indispensable d'indiquer les numéros.

3172. La Vigne au Vin.
3173. L'Hôtel du Tapis-Vert.
3174. Réveillon.
3175. Sur les fortifs.
3176. Sous la pluie.
3177. Nous faut du pain.
3178. Soupé du mac.
3179. Feignant.
3180. Bismarck est mort.
3181. Gueule de bois.
3182. Pestailles.
3183. Plein de truffes.
3184. Pour le drapeau.
3185. Innocent.
3186. Incident d'audience.
3187. Cocu !
1506. A Biribi.
1507. Au bat. d'Af.
1508. Au bois de Boulogne.
1509. A Saint-Lazare.
1510. A Saint-Ouen.
1515. Belleville-Ménilmontant.
1516. Bavarde.
1520. Coquette.
1521. Côtier.
1522. Le Chat Noir.
1524. Le Cent treizième de ligne.
1526. Crâneuse.
1527. Casseur de gueules.
1535. Dans l'faubourg.
1536. Exploité.
1537. Fantaisie triste.
1538. Foies blancs.
1539. Fossoyeur.
1540. Fins de siècle.
1545. Grelotteux.
1546. Gréviste.
1550. Les Grandes Manœuvres.
1551. Les Petits Joyeux.
1552. Lézard.
1560. Marche des Dos.
1561. La bonne Année.
1562. La Noire.
1570. Pus d'patrons.
1571. Philosophe.
1572. Les quatre pattes.
1573. Ronde des Marmites.
1581. Serrez vos rangs.
1582. Sonneur.
1583. Su'l'pavé.
1534. Je suis bruyant.
1584. Soulard.
1585. Tondeur de poils de tortue.
1586. V'là le choléra qu'arrive.
1587. V'là pourquoi j'cherche un logement.
1590. Les vrais dos.
1822. Auprès de ma Blonde.

REPERTOIRE DUCLERC

2110. Aujourd'hui. Autrefois.
2111. Allume ! Allume !
2112. Ah ! Margot.
2113. All right.
2114. La belle Gitana.
2120. Les Cigarières.
2121. Les chauffeuses d'automobiles.
2125. Les Epatants.
2126. Ling à Ling.
2130. Moi j'en veux, y m'en faut.
2131. Miss Régiment.
2132. Mon Picador.
2133. Le Monôme des Ecoles.
2142. Les petits tableaux vivants.
2145. Les petites Minettes.
2146. Si on s'rait des hommes.
2147. Tamaraboum die ay.
2153. Je lâche Théodore.
2154. Pauvres hommes si l'on voulait.
2155. Un petit vieux bien propre.
2156. Voilà la femme.

RÉPERTOIRE CHARLUS

2158. A tous les coups l'on gagne.
2159. Oh ! Mossieu.
2161. Les Chambres.
2162. Au restaurant de Cupidon.
2163. Au bord de l'Onde.
2164. L'Amour à la vapeur.
2165. Allo, allo !
2166. Adèle, t'es belle.
2167. As-tu vu la brosse.
2168. Avec ma petite femme.
2170. La polka des Yankees.
2172. Sifflomanie.
2174. La Collaboration.
2175. Cocotte.
2176. La Culotte du menuisier.
2178. Ce que rêvent les hommes.
2179. Chez la Marquise.
2180. Le choix d'un domestique.
2181. Le petit coucou.
2182. Ode au chameau.
2185. Chaste Idylle.
2186. Les cadeaux d'amitié.
2187. La boîte d'échantillon.
2188. Grave conflit.
2189. Le bon Dieu doit bien rigoler.
2190. Devant l'objectif.
2191. Le distrait.
2192. Le doigt de Saint-Machin.
2193. Les deux Hôtelières.
2194. Les tribulations d'un pipelet.
2195. Les bonnes grosses dames.
2196. La canne-flûte
2198. Le Tambourineux du Village.
2199. La Fille de Parthenay.
2200. La Génisse à Jenny.
2201. Hue ! cocotte.
2203. Je vous y prends.
2204. La marche des vieux tableaux.
2207. Le ménage Benoit.
2230. Ma Chère, si tu savais.

Dans les Commandes il est indispensable d'indiquer les numéros.

2238. Ni trop, ni trop peu.
2240. Où va la femme ?
2241. La polka des œufs sur le plat.
2242. Petite promenade.
2243. Premiers débuts.
2700. Les Halles.
2250. Le Roman de la rue de la Lune.
2251. La Sonnerie d'alarme.
2252. Si j'étais une cocotte.
2255. Tirez le rideau.
2260. Un coup de soleil.
2261. Une maison tranquille.
2262. Vieille fille.
2270. La Visite du Commissaire.
2880. Oh ! qu'c'est rigolo.
2135. Agitez.
2139. Piston embarrassé.
2140. L'Amour boiteux.
2141. La façon de présenter.
2143. Polka des Camelots.
2148. Ma petite Gueugueule.
2215. Les Gas normands.

RÉPERTOIRE FRAGSON

2271. Les Amants parisiens.
2272. L'Anglaise.
2595. Une petite femme pas chère.
2274. L'Assassin de son père.
2275. Conquête facile.
2276. Chez sa couturière.
2277. L'Anglais faubourien.
2279. Brin de vie.
2280. Les Blondes.
2281. Les Brunes.
2282. La Coquille.
2283. Les Demi-Vierges.
2285. Les Etapes féminines.
2286. La Femme parfaite.
2290. Le Flegme.
2291. Flagrant délit.
2292. Les Grandes vedettes.
2295. Les Honnêtes gens.
2300. Journée de la jolie femme.
2301. Les Nichons parisiens.
2302. Le Licencié.
2305. Les Policemen.
2308. Une pointe de champagne.
2309. Pour Elle.
2310. Sérénade au Pharmacien.
2311. Simples aveux.
2312. Sa famille.
2313. Les Soucoupes.
2320. Vertus de femme.
2343. Les Amis de Monsieur.
2340. L'Anglais parisien.
2362. La Commission.
2394. Fleurs et plumes.
970. l'Hôtesse.
1463. Les Salons parisiens.

REPERTOIRE PAUL DELMET

2749. Vous êtes jolie.
947. Envoi de fleurs.
1014. Les Mamans.
1048. Les petits pavés.
1063. Les petits chagrins.
1108. Les stances à Manon.
1144. Le vieux mendiant.
2684. Tout simplement.
2685. Chanson frêle.
2686. Lettre à Ninon.
2687. Quand nous serons vieux.
2688. Toujours vous !
2689. Volupté.

RÉPERTOIRE MEUDROT

3249. La réponse de Polin au Cte Mouravieff sur la question du désarmement.
3251. Les avantages de la prison moderne.
3252. Le zèbre de Ménélick.
3253. Souvenir des Grandes Manœuvres.
3240. Les exigences de la Censure.
3241. Ce p'tit complot-là.
3242. Il s'en bat l'œil.
3243. Les incarnations de Béranger.
3244. Vous êtes polie.
3245. Les Projets de Mimile.
3246. La Rencontre d'Emile et de Casimir.
3247. La débâcle du Protocole.
3248. Le Général « Je m'en foutiste ».

RÉPERTOIRE GABRIEL MONTOYA

3113. Mimi.
3114. Le Macchabée.
3115. Le vieux modèle.
3116. Chanson des regrets.
3117. Tardifs reproches.
3118. Le mauvais ange.
3119. Chanson d'antan.
3120. Sérénade jalouse.
3121. La bonne épreuve.
3122. Conseils aux trottins.
3123. Rêver, aimer, pleurer !
3124. Sevillane.
3125. Par la mousse et le thym.
3126. Berceuse bleue.
3127. Renouveau d'amour.
3128. Tes yeux.
3129. L'amour impossible.
3130. Les yeux qui chantent.
3131. Tes pieds.
3132. Parfums troublants.
3318. Noël d'enfant. (Lettre à Jésus.)

Dans les Commandes il est indispensable d'indiquer les numéros.

RÉPERTOIRE MARCEL LEGAY

2676. Les Cloches.
2713. Mépris.
2726. Pourquoi files-tu.
2740. Suggestion.
2745. Tu t'en iras les pieds devant.
881. Chanson du Semeur.
1149. Virelai d'Alsace.

RÉPERTOIRE E. LEMERCIER

2633. L'Arbre volé.
2638. Les Automobiles.
2654. La Belle Armurière.
2656. Baisons-nous, Lisette.
2674. Cas d'exemption.
2682. Le double suicide.
2717. N.-D. de Lourdes.
2718. Les Nichons.
2720. L'Optimiste.
2721. On dirait que c'est toi.
2728. Plaisirs Montmartrois.

RÉPERTOIRE TEULET

2635. Aux étoiles.
2636. L'amour à Séville.
2637. A Juliette.
2653. Bergers Watteau.
2670. La chanson de Pierrot.
2673. Chanson d'hiver.
2714. La Meunière du Joli Moulin.
2727. Le Printemps rose.
2742. Son amant.
2752. Les yeux.

RÉPERTOIRE XANROF

2725. Les petites bonnes d'hôtel.
2634. L'Associé.
2649. La bonne mère.
2712. L'Hôtel du n° 3.
2735. Le Restaurant à 23 sous.
2736. Rupture.

RÉPERTOIRE TH. BOTREL

2643. La Cloche d'Ys.
960. La Fanchette.
1051. La Paimpolaise.

RÉPERTOIRE PONCIN

2645. Les Théâtreuses.
2707. Les Rastas.
2748. Les Viveurs.
901. Le Chemineau.
2395. La Goule.
2416. Le Monde en sept jours.

RÉPERTOIRE J. VARNEY

2658. Le béguin du charpentier.
2702. Le Verger de Mme Humbert.
2724. La petite Chapeau.
2839. Potins de meubles.
1114. Sérénade du pavé.
2206. La bonne petite dame.
2381. Le Dompteur.

Dans les Commandes il est indispensable d'indiquer les numéros.

RÉPERTOIRE A. BARDE

2639. L'Ancienne.
2675. La Charcutière.
2694. Le Faux-Bohême.
2695. La Femme esthète
2701. L'Honnête homme.
2707. Le Larbin.
2730. Le Petit Rentier.
2743. Le Snob.
2747. La Vieille Fille.

RÉPERTOIRE FRAGEROLLES

2693. La Marche à l'Etoile.
2690. Le Tonnelier.
2841. Le Cordier.

RÉPERTOIRE G. THIERRY

2668. Le Concierge.
2424. Nicolas et Toinon.

RÉPERTOIRE O'PRADEL

2662. L'Ouvreur de portières.
2691. La Femme de l'Avocat.

AUTEURS DIVERS

2647. La Nourrice sèche. . . J. Moy.
2630. Les plaisirs de la campagne. . . . . . . G. Sécot.
2744. Les Tonneaux. . . . . Yon Luc.
2719. L'Ouvreuse. . . . . . . M. Lefèvre.
2703. Jours d'exposition dans les grands magasins. . . N.
2669. Le Charlatan arabe. . . Baltha.
2699. La Femme fatale. . . E. Buffet.

CHANSONNETTES GRIVOISES

1809. Madame Camus.
1950. La Clé du Paradis.
1951. Le Chapelet.
1961. La Leçon de Cor.
2177. Chanson chaste.
2208. Un Miracle.
2231. Mon Pensionnaire.
2232. La leçon de Billard.
2388. La Flanelle.
2450. Les Rouleaux de papier.
2650. Bûcheronade.
2757. Le Carillon d'Amour.
2768. La Leçon d'Epinette.
2770. Le Fontainier.
2875. Les Bibelots de Famille.
2877. Paris instantané.
2883. Coquin d'navet.
2887. La Femme du Roulier.
2888. Mon Frère.

Dans les Commandes il est indispensable d'indiquer les numéros.

DÉCLAMATION

N°	Titre	Auteur
2577.	Le Cheveu blanc	V. Gresset.
2771.	Fragilité de la vie	Fénelon.
2772.	L'Immortalité de l'âme	Voltaire.
2773.	Cinéas et Pyrrhus	Boileau.
2774.	La Conscience	Corneille.
2775.	La Vie	Grenet d'Ancourt.
2776.	L'Espoir en Dieu	A. de Musset
2777.	Les Stances de Polyeucte.	Corneille.
2778.	Les Femmes savantes	Molière.
2779.	La Calomnie	J. Chénier.
2780.	Les Plaideurs	Racine.
2781.	L'Appel après le Combat.	Villemer.
2782.	L'année terrible	V. Hugo.
2783.	Andromaque	Racine.
2786.	Le Barbier de Séville	Beaumarchais
2789.	Cyrano de Bergerac (Tirade des nez)	Ed. Rostand.
2982.	Cyrano de Bergerac (Les Cadets de Gascogne)	—
2975.	Cyrano de Bergerac (Scène du balcon)	—
2978.	Cyrano de Bergerac (Scène du fifre)	—
2790.	Le Cheminoau	J. Richepin.
2791.	Le Cid	Corneille.
2792.	La Conscience	V. Hugo.
2793.	Le Dernier Marin du Vengeur	F. Lamy.
2794.	L'Enfant de Paris	Villemer.
2795.	L'Epave	F. Coppée.
2796.	Les Fureurs d'Oreste	Racine.
2797.	La Grève des Forgerons	F. Coppée.
2798.	Honneur et Patrie	Yann Nibor.
2799.	Hamlet	P. Meurice.
2800.	Hernani	V Hugo.
2801.	Horace	Corneille.
2802.	Les Imprécations d'Athalie	Racine.
2803.	Le jeune Alsacien	Villemer.
2804.	La lettre de l'Enfant	—
2805.	L'Empereur	Ch. Grandmougin
2806.	Le Marsouin	Villemer.
2807.	Le Martyre	J. Richepin.
2808.	Monsieur de Pourceaugnac	Molière.
2809.	Le malade imaginaire	—
2810.	La Mort du Christ	Lamartine.
2811.	La Mort d'une libellule	A. France.
2812.	La Bataille	A. Lemoyner
2813.	Les Solitaires	Aug. Barbier
2814.	Le Pont Kerlo	Aug. Brizeux
2815.	L'Ane	Delille.
2816.	La Mort d'une bête	Alex. Picot.
2817.	Historiette	—
2818.	Le Flibustier	J. Richepin.
2819.	Don Juan	Molière.
2820.	Madame Sans-Gêne	V. Sardou.
2821.	Le Naufragé	F. Coppée.
2822.	Œdipe-Roi	Lacroix.
2823.	Ode au Drapeau	Eug. Billard
2824.	Phèdre	Racine.
2825.	Les Pompiers	Burani.
2826.	Pour les Pauvres	V. Hugo.
2827.	La Robe	Eug. Manuel
2828.	Le Retour de l'Empereur.	V. Hugo.
2829.	Le Revenant	—
2830.	Le Roi s'amuse	—
2831.	Ruy-Blas	—
2832.	Sedan	—
2833.	Le Songe d'Athalie	Racine.
2834.	Severo Torelli	F. Coppée.
2835.	Tartufe	Molière.
2836.	Waterloo	V. Hugo.
2838.	Les Trois Hussards	Nadaud.
2840.	Louis XI	Casimir Delavigne
2842.	La Veillée	F. Coppée.
2843.	Pour la Couronne	—
2844.	Le Monde où l'on s'ennuie	Ed. Pailleron
2845.	Consolations à Du Perrier	Malherbe.
2846.	Lettre à Mlle d'Aubigné.	Mme de Maintenon
2847.	C'est l'hiver	Chebroux.
2848.	Les Hurleurs	Leconte de l'Isle
2849.	Le Rêve d'or	Em. Langlade
2850.	La Bataille de Rocroy	Bossuet.
2851.	Iphigénie	Racine.
2852.	Les Cochons roses	Ed. Rostand.
2853.	La Mort du Lion	Alex. Dumas Fils
2854.	Le Crucifix	Lamartine.
2855.	La Ballade des petits Salons	Perrochon.
2856.	Les Nuages	Chantavoine
2857.	L'Ame des Paysans	Rossel.
2858.	Le petit sou	Clovis Hugues
2859.	La Dame aux Camélias	Alex. Dumas Fils
2860.	La Bénédiction	F. Coppée.
2468.	Salut au Drapeau	R. Esse.
	L'Aiglon	E. Rostand.
2784.	N° 1. Vous qui me connaissez.	
2785.	N° 2. Les petits soldats.	
2787.	N° 3. Et nous ho, sans grades.	
2861.	N° 4. Par contumace.	
2862.	N° 5. Stances du 5e acte.	

COMPLIMENTS POUR ENFANTS

A L'OCCASION DU JOUR DE L'AN

2900.	Compliments pour Père et Mère.
2901.	— — Grand-Père et Grand-Mère.
2902.	Compliments pour Oncle et Tante.
2903.	— — Frère et Sœur.
2904.	— — Cousin et Cousine.
2905.	— — Parrain et Marraine.

A L'OCCASION DE FÊTE ET ANNIVERSAIRE

2906.	Compliments pour Père et Mère.
2907.	— — Parrain et Marraine.
2908.	Compliments pour Oncle et Tante.
2909.	— — Bienfaiteur.

Dans les Commandes, il est indispensable d'indiquer les numéros.

CHANSONS ENFANTINES

2920. Polichinelle.
2921. A mon beau château
2922. Nous n'irons plus au bois.
2923. Petit papa.
2925. La Mère Michel.
2926. J'ai du bon tabac.
2927. Cadet-Roussel.
2928. Il pleut bergère.
2929. Au clair de la Lune.
2930. Fais dodo.
2931. Le Roi Dagobert.
2932. Il court le furet.
2933. Giroflé-Girofla.
2934. La Tartine.
2935. La Galette à Jeannot.
2936. Je demande à vieillir.
2937. L'Ami des chats.
2938. Le Petit Figaro.
2939. Un Géographe à la mode.

DISCOURS DIVERS

3000. Discours de Carnot, à Lyon.
3001. Discours de Félix Faure, en Russie.
3002. Discours de Félix Faure, à Saint-Etienne.
3003. Discours du Révérend Père Olivier, à Notre-Dame.
3008. Toasts échangés entre S. M. le Czar et le Président de la République, à Bétheny.

FABLES DIVERSES

3020. L'Ane et les Voleurs.
3022. Les Animaux malades de la peste.
3024. La Cigale et la Fourmi.
3026. Le Chêne et le Roseau.
3028. Le Corbeau et le Renard.
3030. Le Coche et la Mouche.
3032. La Colombe et la Fourmi.
3034. Les Femmes et le Secret.
3036. L'Huître et les Plaideurs.
3038. Le Laboureur et ses Enfants.
3040. Le Lièvre et la Tortue.
3042. Le Lion et le Moucheron.
3044. Le Lion et le Rat.
3050. Le petit Poisson et le Pêcheur.
3060. Le Pot de terre et le Pot de fer.
3062. La Poule aux œufs d'or.
3064. Le Renard et les Raisins.
3066. Le Rat de ville et le Rat des champs.
3068. Le Serpent et la Lime.
3070. Les Compagnons d'Ulysse.

MONOLOGUES COMIQUES

2500. Adam et sa moitié.
2501. L'Archipatriote.
2502. Les Allumettes.
2503. L'Amateur d'Opéra.
2504. L'Anarchiste.
2505. La Voix Triomphale.
2506. L'Œil.
2507. Ah! les assassins.
2508. Les Biographies amusantes.
2509. Le Buste de l'Aïeul.
2510. L'Anglais triste.
2511. Les Bourgeois.
2512. Le Bain du Marseillais.
2513. Les Boîtes au Lait.
2514. Le Ballottage.
2515. Ben, mon cochon!
2516. Cuisinier poète.
2517. Le Chapeau-claque.
2518. C'pauvre Quillenbois!
2519. La Cocotte en vélo.
2520. Le cas de Baluchon.
2521. Ce que j'aime à lire.
2522. Coquin de sort.
2524. Le Corbeau et le Renard.
2525. Coquin de Bonsoir.
2526. Chauve.
2528. Chez mes parents.
2529. Le Cocher syndiqué.
2532. Je m'en fous.
2533. Le Vieux chat de Grand'mère.
2535. Dégoûté des Pochards.
2537. Démissionnaire.
2538. Les deux Marseillais.
2539. Poivrot.
2540. Défense de cracher.
2545. English spoken.
2546. Les Enseignes.
2547. L'Epingle sur la manche.
2548. Elles en veulent.
2549. Dégourdi.
2550. En voyage.
2551. La Femme et la Pipe.

Dans les Commandes, il est indispensable d'indiquer les numéros.

2552. L'Homme proverbe.
2553. L'Homme aux 36 Métiers.
2555. Les Impôts.
2556. Les Idées de Bibi.
2557. L'Invalide de Marseille.
2558. Jupiter et la jeune fille.
2559. La lettre du cousin Baladeau.
2560. Mon Lardon.
2561. Suscriptions bizarres.
2562. Le Mémoire du Serrurier.
2563. Ils vont venir.
2565. Le Mariage Vaugratin.
2566. Le Médecin roublard.
2567. Le Marchand de Chansons.
2571. Les Navets de Juliette.
2572. L'Oublieux.
2573. On n'arrive qu'avec du pognon.
2574. Oraison funèbre d'un Auvergnat.
2578. J'te vas j'ter une pierre.
2579. Es'c'que tu sais c'que tu deviendras.
2580. Le Protocole à Bibi.
2581. Les Proprios.
2582. Le Prospectus.
2583. Le Père et l'Enfant.
2584. Le Petit Croupion.
2585. Le Placier alsacien.
2586. Poulopot.
2587. Pop! Pop!!!
2588. Les Papiers.
2589. Le Perroquet de ma femme.
2590. Pour une culotte.
2591. Le Petit Chaperon Rouge.
2594. Synonymes rigolos.
2596. Les Métiers de ma femme.
2600. Le Poivrot socialiste.
2601. Qu'est-ce que c'est donc que ces manières-là.
2603. Le Rêve de Monsieur Chlagtrof.
2605. Le Renaudeur.
2606. Pleins.
2608. Une tournée d'Auvergnat.
2609. Toujours rupin.
2610. Sales pip'lets.
2611. Le Sabre du Colonel.
2612. Si qu'on serait comme eux.
2613. Le Tour de la Cuillère.
2614. Terrible Aveu.
2615. T'as les palmes académiques.
2616. Un Drame sur le P.-L.-M.
2617. Un bon demi-setier.
2618. La Visite du Major.
2619. Y a quelque chose.
2620. Y a plus rien.
2621. Y a que les riches.
2622. Zoologie.
2005. Le cube de Pierre.
2007. Les Carabistrouilles de « Van de Pett ».
2788. Le Chien de l'Aveugle.
2837. Barbasson.
3298. La Vie.
3299. La Chasse.
3300. Canebière et Guillotière.
3301. Les mal tournés.
3302. Le Pater.
3303. Le Hanneton.
3304. A Pantin.
3305. Bougri de bougra.
3306. Chien d'agrément.
3307. Les Bans de la promenade.
3308. L'Inventeur.
3309. En Famille.
3310. Les Lamentations d'un miséreux.
3311. On n' fait que son devoir.
3312. Le Merlan.
3313. Mes 28 Jours.
3314. Les Réformes.
3315. Le Bon Chien.
3316. Sur un banc.
3317. La Mort du moineau.

Monologues grivois

2523. La Cachette de Rébecca.
2527. Les Chats.
2568. Minette.
2602. Le Q de Catherine.
2756. L'Amour à tous les étages.
2758. Chez la Boulangère.
2759. Le Cocher inquiet.
2761. Idylle.
2762. Le Motif.
2763. L'Onguent.
2764. Le Songe de ma Femme.
2765. La Statuette.
2766. La Visite.
2623. Le Vieux Ménage.
2004. Quand la Marmite bout
2130. Moi j'en veux, il m'en faut.

Dans les Commandes il est indispensable d'indiquer les numéros.

RÉPERTOIRE RELIGIEUX

I. MOTETS

609. Ave Maria (MASCAGNI).
811. Agnus Dei (SCHWAB).
812. Agnus Dei (BIZET).
813. Ave Maria, *chant, piano, violon* (GOUNOD).
3189. Ave Maria, en duo (MOZART).
814. Ave Maria (FAURE).
815. Ave Maria (CHERUBINI).
816. Ave Maria (DUBOIS).
817. Ave Maria (FERRONI).
818. Ave Maria, *chant, piano, violon* (BILLAUT).
819. Ave Maria (LOYSEL).
820. Ave Maria (G. LEMAIRE).
821. Ave Maria (SAINT-YVES BAX).
822. Ave Maria (PLANTADE).
823. Ave Maria (SCHUBERT).
824. Ave Maria Stella (GRÉGOIRE).
826. Confutatis (VERDI).
827. Deus meus
831. Miserere mei (STEEMANN).
832. O Fons pietatis (HAYDN).
833. O Salutaris (NIEDERMEYER).
834. O Salutaris (LEFÉBURE).
863. Sancta Maria (FAURE).
968. Benedictus (TH. DUBOIS).
974. Ave Verum (MENDELSSOHN).
982. Sanctus (GOUNOD).
984. Ave Maria (SAINT-SAENS).
1021. O Salutaris (J. LUCE).
990. Tota pulchra es, *duo de ténor et baryton* (C. FRANCK).
992. O Salutaris, *duo de ténor et baryton*, (A. THOMAS).
993. Benedictus, *chant, piano et violon*, (J. PERMANN).
995. Te cum principium, *trio de soprano, ténor baryton* (SAINT-SAENS).
835. O Salutaris (MENDELSSOHN).
836. O Salutaris (SAM. ROUSSEAU).
837. Panis Angelicus (FAUCHEY).
838. Magnificat (X...).
2959. Panis Angelicus (DUBOIS).
839. Panis Angelicus (CÉSAR FRANCK).
840. Pater noster (NIEDERMEYER).
841. Pie Jesu (FAURE).
842. Pie Jesu (LOYSEL).
843. Pie Jesu (STRADELLA).
844. Sanctus (BEETHOVEN).
845. Stabat Mater (ROSSINI).
3101. Agnus Dei (SAINT-YVES BAX).
846. Sub tuum præsidium (DANJOU).
847. Tantum ergo (MINARD).
848. Tantum ergo (FAURE).
2949. Sancta Maria (MOZART).
3219. Sanctus (chœur) (BEETHOVEN).
3088. Te Deum (X).
3089. Adeste fideles (X).
2965. Les 7 paroles du Christ, n° 1 (DUBOIS).
2966. Les 7 paroles du Christ, n° 2 (DUBOIS).
2967. Les 7 paroles du Christ, n° 3 (DUBOIS).
2968. Les 7 paroles du Christ, n° 4 (DUBOIS).
2970. Les 7 paroles du Christ, n° 5 (DUBOIS).
2971. Les 7 paroles du Christ, n° 6 (DUBOIS).
2972. Les 7 paroles du Christ, n° 7 (DUBOIS).

II. CANTIQUES

2950. Il est né, le divin Enfant.
2951. Je mets ma confiance.
2952. D'une mère chérie.
2953. O Saint-Autel.
2954. Vive Jésus.
2955. Tout n'est que vanité.
2956. Hélas ! quelle douleur.
2957. O Roi des cieux.
2958. Par les chants les plus magnifiques.
2960. Esprit-Saint, descendez en nous.
2961. Au sang qu'un Dieu va répandre.
2962. Bénissons à jamais.
2963. Unis au concert des Anges.
2964. Reviens pécheur.
01. O toi qui du ch étien.
02. Elle est ma mère.
03. Reine des cieux, jette les yeux.
04. O ma reine, ô Vierge Marie.
05. Souvenez-vous.
06. Je vous salue, auguste et sainte Reine.
07. Salut, ô Vierge Immaculée.
08. Oui, je le crois.
09. Daignez, esprit fidèle.
010. Nous qu'en ces lieux.
011. Gloire à Dieu dans ses saints.
012. Souviens-toi des jours de ta gloire.
013. Véritable ami de l'enfance.
014. Honneur à toi, Bienheureux de la Salle.
015. O Joseph, ô gardien fidèle.
016. Les Anges dans nos campagnes.
017. En cette nuit.
849. Venez, divin Messie.

Dans les Commandes, il est indispensable d'indiquer les numéros.

Deuxième Partie :

Orchestres et Soli d'Instruments

(Pages 38 à 58)

La **Compagnie Générale de Phonographes, Cinématographes et Appareils de Précision** a réalisé le rêve qu'elle caressait depuis sa fondation, c'est-à-dire ne donner au public que des morceaux d'orchestre exécutés par **une troupe entièrement d'élite.**

Ce résultat est obtenu grâce au concours puissant de M. PARÈS, qui dirige en personne et fait exécuter par les meilleurs solistes de la Garde Républicaine toutes les œuvres musicales contenues dans le présent Catalogue.

Nous en donnons ci-contre l'attestation.

J'atteste que les partitions nécessaires à l'exécution des œuvres musicales contenues dans le présent catalogue, ont été orchestrées et exécutées sous ma direction par les meilleurs solistes de la Musique de la Garde Républicaine notamment Messieurs Lachanaud, Fontbonne, Paradis, Barthélémy, Strady etc. etc. pour les établissements Pathé frères.

Paris le 16 Mars 1900

Pares

ORCHESTRE

OUVERTURES

Opéras, Opéras-Comiques & Opérettes

4995. La Caravane............. GRÉTRY.
4996. Le Ménétrier de Saint-Waast................. HERMANN.
4997. Les Polletais............. H. RENIER.
4999. Prélude du Déluge.... C. SAINT-SAENS.
5000. Cavalerie légère.......... VON SUPPÉ.
5001. Le Caïd.................. A. THOMAS.
5002. Le Domino noir........... AUBER.
5003. La Dame blanche......... BOIELDIEU.
5004. Les Diamants de la Couronne.................. AUBER.
5005. La Dame de pique....... VON SUPPÉ.
5006. Egmont................. BEETHOVEN.
4991. Guillaume Tell (1re partie). ROSSINI.
4992. Guillaume Tell (2e partie.. —
5007. Guillaume Tell (3e partie).. —
5008. Poète et Paysan.......... V. SUPPÉ.
5009. Si j'étais roi............. AD. ADAM.
5011. L'Italienne à Alger........ ROSSINI.
5012. Giralda.................... AD. ADAM.
5013. La Muette de Portici...... AUBER.
5015. Les Noces de Figaro..... MOZART.
5016. Les Noces de Jeannette.. V. MASSÉ.
5017. Fra Diavolo............. AUBER.
5020. Le Pardon de Ploërmel. MEYERBEER.
5021. Le Pré-aux-Clercs......... HÉROLD.
5023. La Poupée de Nuremberg. AD. ADAM.
5024. Obéron.................. WEBER.
5025. Le Serment.............. AUBER.
5026. Le Val d'Andore......... HALÉVY.
5027. Zampa.................. HEROLD.
5028. Le Calife de Bagdad..... BOIELDIEU.
5029. La Bohémienne........... BALFE.
5030. La Chasse du jeune Henri MÉHUL.
5033. Jeanne Maillotte.......... J. REYNAUD.
5034. Le Lac des Fées.......... AUBER.
5035. Sémiramis................ ROSSINI.
5038. Le Voyage en Chine...... F. BAZIN.

ORCHESTRES DE TZIGANES

6501. Valse des Brunes....... LOUIS GANNE.
6502. Flots du Danube......... IVANOVICCI.
6503. Amoureux................ ROD. BERGER
6504. Danse Styrienne.......... GUNG'L.

FANTAISIES

Opéras, Opéras-Comiques & Opérettes

4993. Le Florentin.......... CH. LENEPVEU.
5010. La Grande-Duchesse de Gerolstein............. J. OFFENBACH.
5014. Giroflé-Girofla............ CH. LECOQ.
5018. L'Ombre................ FLOTOW.
5022. Le Petit Faust........... HERVÉ.
5066. Aïda.................... VERDI.
5067. L'Africaine.............. MEYERBEER.
5070. Les Brigands............ VERDI.
5071. Le Bal masqué........... —
5072. Le Bijou perdu........... AD. ADAM.
5078. Le Barbier de Séville (Air de Figaro)............. ROSSINI.
5080. Les Contes d'Hoffmann. J. OFFENBACH.
5081. Faust (Chanson du roi de Thulé)................ CH. GOUNOD.
5110. Faust (Chœur des Soldats. —
5168. Faust (Fantaisie).......... —
5169. Faust (Air des Bijoux).... —
5082. Charles VI............... HALÉVY.
5083. Carmen (1re Fantaisie)..... BIZET.
5039. Carmen (2e Fantaisie)..... —
5084. Les Cloches de Corneville R. PLANQUETTE
5085. Cavalleria Rusticana (Sicilienne)................. P. MASCAGNI
5086. Boccace.................. VON SUPPÉ.
5087. Le Cœur et la Main...... CH. LECOQ.
5089. Le Cheval de Bronze..... AUBER.
5090. Don Juan................ MOZART.
5092. Les Dragons de Villars... MAILLART.
5093. Le Domino noir.......... AUBER.
5094. Ernani.................. VERDI.
5095. L'Etoile du Nord......... MEYERBEER.
5096. L'Elisire d'Amore........ DONIZETTI.
5097. La Favorite.............. —
5098. La Fille du Régiment.... —
5099. La Fille du Tambour-Major................. J. OFFENBACH.
5100. François les Bas bleus.... BERNICAT.
5101. Fanfan la Tulipe......... L. VARNEY.
5102. La Fille de Madame Angot. CH. LECOQ.
5103. Le Freychzüt............ WEBER.
5104. Les Huguenots (Bénédiction des poignards)...... MEYERBEER.
5183. Les Huguenots (Plus blanche que la blanche hermine.................. MEYERBEER.
5105. La jolie fille de Perth... G. BIZET.
5108. Le Jour et la nuit....... CH. LECOQ.
5109. Le Grand Mogol.......... AUDRAN.

Dans les Commandes, il est indispensable d'indiquer les numéros.

5111.	La Juive	Halévy.
5112.	Gilette de Narbonne	Audran.
5114.	Mireille	Ch. Gounod.
5115.	Les Mousquetaires de la Reine	Halévy.
5116.	La Muette de Portici	Auber.
5117.	La Mascotte	Audran.
5119.	Martha	Flotow.
5120.	Les Mousquetaires au Couvent	Varney.
5121.	Lohengrin (Adieu au cygne).	R. Wagner
5122.	Le Voyage en Chine	F. Bazin.
5123.	Miss Helyett	Audran.
5124.	La Norma	Bellini.
5125.	Les Noces de Jeannette..	V. Massé.
5385.	Le Prophète	Meyerbeer.
5130.	Le Petit Duc	Ch. Lecocq.
5132.	Rigoletto (Quatuor)	Verdi.
5151.	Rigoletto (Comme la plume au vent)	—
5133.	La Reine de Chypre	Halévy.
5134.	Roméo et Juliette	Ch. Gounod.
5135.	Robert le Diable	Meyerbeer.
5143.	La Traviata	Verdi.
5144.	Le Trouvère	Verdi.
5146.	La Timbale d'argent	Vasseur.
5147.	Le Tannhaüser (Chœur des Pèlerins)	R. Wagner.
5148.	Si j'étais Roi	A. Adam.
5149.	Grand Air du Chalet	—
5150.	Duo du Chalet	—
5153.	Les 28 jours de Clairette.	V. Roger.
5155.	La Vivandière	B. Godard.
5156.	L'Auberge du Tohu-Bohu.	V. Roger.
5160.	Panurge (Introduction et Berceuse)	R. Planquette.
5161.	Françoise de Rimini	A. Thomas.
5162.	Hamlet	—
5163.	Rip	R. Planquette.
5165.	Mignon	A. Thomas.
5166.	Le juif Polonais	C. Erlanger.
5170.	Manon	J. Massenet.
5171.	Louise	G. Charpentier
5176.	Zampa	Hérold.
5180.	Les Pêcheurs de Perles ..	G. Bizet.
5181.	Samson et Dalila	C. Saint-Saens.
5187.	Lucie de Lammermoor. ..	Donizetti.
5359.	Ordre de l'Empereur	J. Clérice.

MARCHES DE CONCERT

5177.	Hansel et Grethel	Humperdinck.
5347.	Radetzky	Strauss.
5350.	Athalie	Mendelssohn.
5351.	Marche française (Suite algérienne)	C Saint-Saens.
5352.	Aïda	Verdi.
5353.	David-Marche	Strobl.
5354.	Marche hongroise de la Damnation de Faust	H. Berlioz.
5355.	Jeanne d'Arc (Marche du Sacre	Ch. Gounod.
5356.	Fatinitza	Von Suppé.
5357.	Mes adieux à la Hongrie..	Fahrbach.
5358.	Marche Turque	Mozart.
5360.	1re Marche aux Flambeaux.	Meyerbeer.
5362.	2e Marche —	—
5363.	3e — —	—
5364.	4e — —	—
5365.	Marche persane	Strauss.
5366.	Marche de Rodolphe	Gung'l.
5367.	Marche cortège de la Reine de Saba	Ch. Gounod.
5368.	Schiller-Marche	Meyerbeer.
5369.	Marche troyenne (de la prise de Troie)	H. Berlioz.
5370.	Marche de Tannhaüser...	R. Wagner.
5371.	Marche des Fiançailles de Lohengrin	R. Wagner.
5374.	Marche des Alliés	Th. Sourilas.
5375.	Parisiana-Marche	L. Billaut.
5376.	Marche limousine	—
5377.	Marche romaine	—
5378.	Marche orientale	X***.
5379.	Patrouille turque	Michaëlis.
5380.	Marche funèbre	Chopin.
5381.	Chant triomphal	Mendelssohn.
5383.	Marche solennelle	J.-H. Parès.
5129.	Marche du Sacre du Prophète	Meyerbeer.
★5386	Marche des équipages de la garde russe, arrangée par	Farigoul.
5387.	Marche des Prétoriens....	Corbin.
5390.	Vercingétorix	J. Clérice.
5393.	Retraite croate	G. Marie.
5394.	Marche nuptiale du Songe d'une nuit d'été	Mendelssohn.
5395.	Marche de Rackoczy	X***.
5396.	Marche-cortège de Bacchus (de Sylvia)	Léo Delibes
5397.	Marche héroïque	L. Billaut.
5399.	Marche nuptiale	G. Parès.
5400.	Marche nuptiale	L. Billaut.
★6063.	Marche indienne	Sellenick.
6067.	Marche Cosaque	G. Parès.
6081.	Marche asiatique des Croyants	P.-A. Vidal.
5349.	Marche des Janissaires...	A. Bernier,
5348.	Patrouille Alpine	Manotte.
5361.	Marche des Moujicks	Renelle.
5401.	Francia	H. Paradis.
6177.	Le Vin de France	E. Choquard.
6178.	Bravo Bœrs	E. Debray.
6179.	Ronde des p'tites femmes.	J. Clérice.
6180.	Paris Garnison	F. Sali.
6181.	Marche des Bersaglieri...	Eilenberg.
6182.	La Souris	P. Lince.
6183.	Marche des Enfants de troupe	J. Furgeot.
6184.	Défilé du 19e corps	P. Darien.

AIRS DE BALLETS

L'Arlésienne, suite d'orchestre (G. BIZET)

5060.	Prélude.
5061.	Menuet.
5062.	Intermezzo.
5063.	Carillon.
5064.	Farandole.
5065.	Pastorale.
7112.	Adagietto.

Dans les Commandes, il est indispensable d'indiquer les numéros.

Ballet d'Hamlet (A. THOMAS)

7198. Fête du Printemps.
5073. Pantomime.
5074. Pas des Chasseurs.
5075. Valse-Mazurka.
5076. La Freya.
5077. Strette finale.

Ballet de Faust (Ch. GOUNOD)

7119. Numéro 1.
7120. — 2.
7121. — 3.
7122. — 4.
7123. Numéro 5.
7124. — 6.
7125. — 7.

Ballet d'Hérodiade (MASSENET)

7153. Les Phéniciennes.

MORCEAUX DE GENRE

N°	Titre	Auteur
5037.	La Vie pour le Tzar (Mazurka)	M. GLINKA.
5091.	Danse Macabre (poème symphonique)	C. SAINT-SAENS.
5088.	Danse des bohémiens (Le Tasse)	B. GODARD.
5113.	L'invitation à la valse	WEBER.
5128.	La Paloma (Habanera)	
5137.	Sérénade hongroise	V. JONCIÈRES
5138.	Scènes hongroises (Cortège)	J. MASSENET
5139.	Suite Algérienne (Rêverie)	C. SAINT-SAENS.
5140.	Scènes Napolitaines (L'Improvisateur)	J. MASSENET.
5145.	Les Erynnies (La Troyenne regrettant sa patrie)	—
5152.	Le Carnaval de Venise (Solo de flûte-orchestre)	GENIN.
6000.	Andante religieux; près du Berceau	PAULUS.
6002.	Adagio de la Sonate pathétique	BEETHOVEN.
6003.	Chœur de Judas Macchabée	HAENDEL.
6004.	Adagio	BEETHOVEN.
6009.	Stabat Mater	ROSSINI.
6010.	Prière de Moïse	—
6013.	Noël	AD. ADAM.
6014.	Ave Maria	GOUNOD.
7166.	Gentil Page (Menuet)	FOURNIER.
7167.	Petites Vestales (entr'acte)	J. CLERICE.
7168.	Gavotte-Manon	LOUIS BILLAUT.
7169.	Cavatine	J. RAFF.
7171.	Propos galants (Menuet)	A.-S. PETIT.
7172.	Sous les Etoiles	G. PARÈS.
7173.	Menuet	BEETHOVEN.
7175.	Les Ondines du Nil (Mazurka de ballet)	LOUIS GANNE.
7176.	Pas des Bouquetières (Marche)	WACHS.
7178.	Pizzicati du Ballet de Sylvia	LÉO DELIBES
7181.	Danse bohémienne	SCHUMANN.
7182.	Si tu voulais (Bluette)	V. TURINE.
7183.	Chanson de Printemps	MENDELSSOHN.
7184.	Le Picador (Boléro)	SIGNARD.
7185.	Fantaisie (Ballet)	G. PARÈS.
7186.	Surprise-Gavotte	E. CHOQUART.
7188.	Terpsichore (Fantaisie-Ballet)	LOUIS GANNE.
7189.	Bon accueil (Gavotte)	E CHOQUART.
7190.	Concert tunisien	P. ANDRÉ.
7191.	Menuet-Caprice	G. PARÈS.
7194.	Marche tunisienne	J.-H. PARÈS.
7195.	Berceuse de Jocelyn	B. GODARD.
7196.	Simple aveu	F. THOMÉ.
5068.	Airs espagnols (Fantaisie)	LUCE.
7200.	Amour discret (Gavotte)	RESCH.
7201.	Cœur brisé (Nocturne)	E. TAVAN.
7202.	Chanson arabe	G. LAMOTHE.
7203.	Chrysanthème (Gavotte)	L. GRILLET.
7205.	Danse annamite	MAQUET.
7206.	Dans un rêve Gavotte)	—
7209.	Gavotte-Noëlie	HARING.
7211.	Gavotte-Watteau	WETTGE.
7212.	Célèbre Menuet	BOCCHERINI.
7213.	Madrigal de François Ier	G. LAMOTHE.
7214.	Menuet de Manon	J. MASSENET
7215.	Loin d'Elle (Rêverie)	SUDESSI.
7219.	Gavotte-Stéphanie	CZIBULKA.
7220.	Valse lente du Ballet de Coppelia	LÉO DELIBES
7221.	Entr'acte-Gavotte de Mignon	A. THOMAS.
7222.	Entr'acte du 2e acte de Carmen	G. BIZET.
7223.	Intermezzo de Cavalleria Rusticana	P. MASCAGNI
7224.	Dansez, Marquise! (Gavotte)	L. BILLAUT.
7225.	Gavotte-Ninon	G. PARÈS.
7282.	Loin du Bal (Valse lente)	E. GILLET.
7300.	Rose Mousse (Valse lente)	AUG. BOSC.
7360.	Les Phalènes (intermezzo-valse)	A. BILLAUT.
7362.	Air varié pour trombone, flûte et cornet	DELANNOY.
7572.	La Chanson des Nids (Fantaisie variée pour clarinettes)	V. BUOT.
8567.	Duetto pour violon et flûte.	L. BILLAUT.

Dans les Commandes, il est indispensable d'indiquer les numéros.

VALSES

Valses célèbres de WALDTEUFEL

7252. Amour et Printemps.
7257. Abandon.
7258. A toi.
7261. Brune ou Blonde.
7269. Etincelles.
7284. Lune de miel.
7286. Modestie.
7288. Ma Charmante.
7294. Près de toi.
7295. Papillons bleus.
7301. Toujours ou jamais.
7304. Les Violettes.
7312. Les Patineurs.
7345. Dolorès.
7346. Pomone.
7352. La Berceuse.

Valses célèbres d'OLIVIER MÉTRA

7250. Le Tour du monde.
7270. L'Etoile du soir.
7271. Les Femmes de Feu.
7279. La Nuit.
7285. L'Orient.
7291. La Neige.
7305. La Vague.
7311. Gambrinus.
7319. Les Roses.

Valses célèbres de STRAUSS

7267. Dis-moi tu, dis-moi toi.
7274. Les Feuilles du matin.
7280. Le Beau Danube bleu.
7351. Sur les flots .... Rosas.
7353. Amoureuse .... R. Berger.

Auteurs divers

7251. Valse de Faust .... Ch. Gounod.
7253. L'Automne .... A.-S. Petit.
7254. Les Amourettes .... Gung'l.
7255. Autriche-Hongrie......... Keler Bela.
7256. Les Alpes .... Schmidt.
7259. Bonne Année .... H. Senée.
7260. Les Belles Parisiennes.... Fahrbach.
7262. Beau Nuage.............. Maquarre.
7263. Les Chants du Soldat .... Gung'l.
7264. Chanteur des Bois........ Fahrbach.
7265. Le Crépuscule............ L. Reynaud.
7268. L'Eté.................... Wittmann.
7272. L'Estudiantina........... Lacome.
7273. Espana .... Chabrier-Waldteufel.
7276. Flots du Danube.......... Ivanovicci.
7277. Hésitation............... Bucalossi.
7278. La Housarde .... Louis Ganne.
7281. La Gitana .... Bucalossi.
7287. Madame Boniface......... Lacome.
7292. Nuit d'Amour............ Bonheur.
7293. Les cent Vierges .... Ch. Lecoq.
7290. Rose du Ciel ....
7298. Sur la Montagne.......... Kaulisch.
7300. Toast à l'Alsace.......... H. Senée.
7302. Santiago................. Corbin.
7303. Valse des Bas noirs...... G. Maquis.
7306. Pomponnette .... Lamberty.
7308. Sérénade andalouse.... Inghelbrecht.
7310. Bettina .... E. Launay.
7313. Fita (valse espagnole)..... H.-J. Parès.
7314. Valse printanière..... L. Schlesinger.
7315. Sourire d'Avril ...... Maurice Depret.
7317. Valse des Cambrioleurs... Varney.
7318. Etoile du Bal......... Louis Billaut.
7320. Rêves d'Antan . ... E. Launay.
7321. Thérésen................. Carl Faust.
7322. Liège...................
7330. Valse de la Fille de Mme Angot .... Ch. Lecoq.
7332. La Jolie Patineuse......... Bagarre.
7333. Valse bleue .... Margis.
7334. Petite fleur............. G. Marie.
7335. L'Alsacienne............. Laurain.
7336. Valse des Blondes .... Louis Ganne.
7337. Aimer toujours .... H. Paradis.
7338. Fiançailles.............. E. Wesly.
7340. Monte-Cristo (Dernières Etreintes)......... Kotlar-Goublier.
7341. Frou Frou............... Chateau.
7343. Frères Joyeux......... .... Volstedt.
7344. Moisson d'amour .... A. Monier.
7347. A mi Querida............. A. Gauwin.
7348. Sous le masque .... Choquart.
7350. Sympathie .... Mezzacapo.

POLKAS

7800. L'Arbre de Noël... ..... Waldteufel.
7802. Bella Bocca .... —
7803. Les Bohémiens .... —
7804. Camarade .... —
7810. Elle et Lui .... Strobl.
7811. La Estudiantina........... O. Métra.
7812. L'Etincelle............. —
7814. El Coreo .... Corbin.

Dans les Commandes, il est indispensable d'indiquer les numéros.

7816. Polka des Eunuques...... CORBIN.
7817. Les Forgerons........... BLÉGER.
7819. Le Verre en main......... FAHRBACH.
7820. Les Marionnettes......... O. MÉTRA.
7821. Moulinet-Polka........... SRAUSS.
7822. Pimponette............... HENRION.
7823. Pour les Bambins........ FAHRBACH.
7824. Promenade-Polka......... O. MÉTRA.
7826. Polka des Officiers........ FAHRBACH
7827. Retour du Printemps..... J. SCHINDLER
7828. Tout à la joie............ FAHRBACH.
7829. Tamaraboum (polka américaine)................ MICHIELS.
7830. Original.................. LAFITTE.
7831. Qu'en dira-t-on........... CORBIN.
7832. Polka des Veinards....... G. ALLIER.
7833. Polka des Fétards........ V. ROGER.
7834. Quand même!........... MAQUARRE.
7838. Footit et Chocolat.. LAURENT GRILLET.
7839. Tourniquet........... LOUIS GANNE.
7840. Polka réaliste............ —
7841. Little dick (polka anglaise) LOUIS BILLAUT
7842. Cajolerie............ L. SCHLESINGER.
7846. Les Courriers........... E. LAUNAY.
7847. Gaudriole................ A. LOGER.
7848. Silhouette parisienne.. LOUIS BILLAUT.
7849. Polka des Anglaises...... E. LAUNAY.
7850. Nuée d'oiseaux........... WALDTEUFEL.
7851. Royal Princess........... A. BILLAUT.
7852. Tyrolienne............... LAFITTE.
7568. Blondinette.............. BOSC.
7570. Polka des Filous. .. .... BERETTA.
7855. Cette petite femme-là. TURLET-CHRISTINÉ
7856. Le bal masqué............ SEIFFERT.
7857. Poignée de mains......... CORBIN.
7858. L'Auto du père Langlois.. GARNIER.
7859. Flots d'or................ W. SALABERT
7860. Polka de Polichinelle..... CORBIN.
7861. La Belle Meunière........ J.-H. PARÈS.
7862. Jocrisse et Biribi......... E. CHOQUARD
7863. Jolie Ballerine............ —
7866. Polka des Pachas....... ... G. ALLIER.
7867. Moustic-Polka......... LÉON SALZÉDO.
7199. Polka des Oiseaux........ LÉON CONOR.
7342. Polka militaire............ W. SALABERT
7870. Clara (tzigane)............ MEZZACAPO.
7875. Entrez!.................. MAQUET.
7876. Saute, Bébé............. H. PARADIS.
6078. Quand on a travaillé...... A. LOUIS.
7359. Coq et Poule............. H. PARADIS.
7571. Polka des Clochettes (avec timbres)................ BALLERON.
7798. La Dame de Cœur........ FAHRBACH.
7799. L'Hôtel des Marmitons.... GAMBILLARD

MAZURKAS

Célèbres Mazurkas de LOUIS GANNE

7902. La Czarine.
7912. La Mousmé.
7927. La Scandinave.
7928. La Tzigane.
7946. La Zingara.
7999. L'Auvergnate.

Auteurs divers

7349. Muguets fleuris.......... BALLERON.
7818. Gracieux sourire.......... J. FURGEOT.
7901. Le Cœur des Femmes.... STRAUSS.
7903. Doux Regard............ F. SALI.
7904. L'Eventail............... KLING.
7906. Fleurs d'antan............ SIGNARD.
7907. Gloire aux Femmes........ STROBL
7908. Gage d'amour............ E. MARIE.
7909. Illusion.................. HOUZIAUX.
7910. Les Jolis Yeux noirs...... FAHRBACH.
7911. Jaloux et Coquette....... CORBIN.
7913. Les Enfants terribles..... —
7914. La Néwa................ O. MÉTRA.
7917. Nuit d'octobre........... E. CHOQUARD
7918. Petites Fleurs........... E. TRAUT.
7919. Patins et Fourrures....... PLACET.
7923. Taille fine............... A. S. PETIT.
7924. Une soirée près du lac.... LEROUX.
7925. La Violette bleue......... GUNG'L.
7926. Yvonne.................. ESPITALLIER.
7929. Fiametta................. G. PARÈS.
7931. La Hongroise............. G. PARÈS
7932. Mazurka bohême.......... L. BILLAUT.
7933. Mazurka slave............ —
7934. Triolette (cornet solo).... ALEX. LOGER.
7935. Gilberte.................. —
7936. Irida..................... —
7937. Petite Souris............. AUG. BOSC.
7939. La Raonnaise............ E. LAUNAY.
7941. Pour avoir la fille........ HOLZER.
7943. Floréal.................. CORBIN.
7944. Taille de guêpe........... F. SALI.
7945. Premières feuilles......... G. LATOUR.
7947. Grande-Duchesse Olga... E. CHOQUARD.
7948. Chasse aux Cailles........ H. PARADIS.
7949. Douce Tendresse......... -
7995. Mazurka russe........... M. SALZÉDO.
7942. Les Houzards............ G. PARÈS.
7566. Ninon.................. A. BILLAUT.
7899. Violettes de Cannes. .... L. BALLERON

SCOTTISHS

7550. Amitié.................. CHAMBROUX.
×7551. Blanche de Castille....... BLÉGER.
7553. Scottish du Carillon...... CORBIN.
7554. Pas des Patineurs......... PESCHINI.
7555. Patrie.................. LAMOTTE.
7556. Scottish des Pierrots...... —
7557. Les Parfumeuses......... BLÉGER.
7558. Perruche et Perroquet.... CORBIN.
7559. La Princesse Mignonne... —
7560. Rosalba.................. EUSTACE.
7561. Bella Elisa.............. ALEX. LOGER
7562. Linette.................. H. PARADIS.
7563. Scottish des Cloches..... BAGARRE.
7573. La Divette.............. FR. SALI.

Dans les Commandes, il est indispensable d'indiquer les numéros.

QUADRILLES

7950. A la campagne........... O. MÉTRA.
7951. Barberousse............. —
7952. Bravo Toro.............. CORBIN.
7953. Bu qui s'avance.......... O. MÉTRA.
7954. Coquelicot.............. —
7955. La Camargo... .... —
7956. Un bal à bord........... CORBIN.
7957. Le Diable au bal......... O. MÉTRA.
7958. Cronstadt............... RIVET.
7959. Bouton d'or.............. WITTMANN.
7960. Gaillard d'avant .... O. MÉTRA.
7961. Carmen .... BIZET-MÉTRA.
*7962. La Mascotte............. AUDRAN.
*7963. Orphée........... OFFENBACH-STRAUSS
7964. Tout feu, tout flamme.... CORBIN.
*7965. La Vie parisienne....... OFFENBACH.
7967. Le Singe vert.. .... O. MÉTRA.
*7970. La Fille de Madame Angot. LECOQ.
7971. La Jolie Parfumeuse.... OFFENBACH.
7972. Les Jeux enfantins...... NEHR.
7973. Jacques Bonhomme...... CORBIN.
7974. John Bull............... —
7975. Joyeux Pantins.......... EUSTACE.
7976. Les Gambades d'Arlequin. —
7977. Le Cœur et la Main...... LECOQ.
7978. Le Jour et la Nuit....... —
7979. La Fille du Tambour-Major.................. OFFENBACH.
7982. Un Quadrille à la Préfecture.................... P. PIERRET.
*7983 Quadrille sur des airs populaires................. A.-S. PETIT.
7984. Le Joyeux Postillon..... J. REYNAUD.
7985. Marceau................. CORBIN.
7986. Germanicus.............. WITTMANN.
7987. Châteaudun............. A. LAMOTTE.
7988. Jean Cavalier............ —
7989. Bobèche................. ALEX. LOGER

QUADRILLES DES LANCIERS

8001. Les Lanciers polonais .. NEHR.
8002. The Gentlemen's lancers. CORBIN.
8003. Les Lanciers (quadrille anglais)................ O. MÉTRA.
8004. Les Lanciers blancs...... E. MARIE.

NOTA. — Les quadrilles précédés d'un * existent également en trois cylindres

Les 1re et 2me figures sur le 1er cylindre
— 3me et 4me — — 2me —
La 5me — — 3me —

Le n° 8003 existe également en cinq cylindres un par figure.

PAS DE QUATRE

8020. Pas de quatre (Barn dance). MEYER-LUTZ.
8021. Royalty.................... ANDRÉ.
8022. The Popular's............ A. SOYER.

GALOPS

8029. Le Cavalier noir......... FR. SALI.
8030. Champagne.............. O. MÉTRA.
8033. Cupid's arrow............ BARTHMANN.
8034. En congé................ FAHRBACH.
8035. Vif argent................ STRAUSS.
8036. Furioso.................. CORBIN.
8039. Phonographe-Galop...... L. BILLAUT.
8043. Le Tourbillon .... F. BOISSON.
8044. Feu et Tonnerre......... A.-S. PETIT.
8045. Razzia................... CORBIN.
8046. Bucéphale............... DESSAUX.
7994. Magnésium.............. H. PARADIS.

Dans les Commandes, il est indispensable d'indiquer les numéros.

HYMNES, CHANTS, & AIRS NATIONAUX

Allemagne

4010. Hymne allemand (officiel).
4053. Chant national et air allemands.
4008. Hymne national prussien:
2 airs populaires allemands { Die Prager Schlacht. / Preusseus Vaterland
4061. Chant national du Rhin:
2 airs populaires allemands { Fridericus Rex. / Blücher Lied.

Angleterre

4006. Hymne national (God save the King) et Rule Britannia.

Amérique

4007. Air national américain.
4063. Yankee Doodle. Red, white and blue.

Autriche

4056. Air national.

République Argentine

4025. Hymne national.

Bavière

4012. Air national.

Belgique

4070. Hymne national. (La Brabançonne et le chant du Belge (air populaire).

Brésil

4018. Air national.

Buenos Ayres

4041. Air de Buenos-Ayres.

Bulgarie

4034. Air national (Choumi maritza).

Chili

4019. Air national.

Chine

4021. Air national.

Danemarck

4014. Chant national.

Espagne

4074. Chant national et hymne de Riego.

Egypte

4075. Marche du vice-roi et air égyptien.

France

4000. La Marseillaise.
4000bis. Marseillaise officielle (nouvelle orchestration avec clairons).
4050. Le chant du Départ.
4051. Le chant des Girondins.

Grèce

4076. Air national et marche royale.

Hollande

4002. Air national.

Italie

4059. Air national et marche royale.
4048. Air romain (Marche du Pape).
4052. Hymne de Garibaldi.

Irlande

4064. Air national.

Japon

4022. Hymne national.

Duché de Luxembourg

4023. Chant national.

Monténégro

4032. Hymne national.

Montevideo

4042. Air de Montevideo.

Mexique

4055. Air national.

Norwège

4077 Hymne national (officiel) et air national.

Portugal

4069. Chant national et hymne royal (marche).

Pérou

4020. Air national.

Perse

4068. Hymne persan.

Pologne

4065. Air national.

Russie

4001. Hymne national.
4066. Air populaire.

Roumanie

4016. Air national.

Suisse

4073. Hymne national (officiel) et Air suisse.

Sardaigne

4062. Hymne national.

Serbie

4026 Hymne national.

Dans les Commandes, il est indispensable d'indiquer les numéros.

Suède

011. Air national.

Siam

024. Hymne national.

Transvaal

059. Hymne national boer.

Turquie

4017. Air national (Azizié).
4036. Marche du sultan (Hamidjié).

Wurtemberg

4035. Air national.

MARCHES MILITAIRES & PAS REDOUBLÉS

Marches célèbres de Louis GANNE

372. Marche des Amoureux (marche américaine)
373. Marche grecque (du ballet Phryné).
050. Le Père la Victoire (marche française).
058. Marche Lorraine.
059. Marche Russe.
6068. Marche Parisienne.
6117. Marche des P'tits Mat'lots.
5388. Marche d'Auvergne.
6153. Marche des P'tits Marmousets.

Pas redoublés et Défilés avec Tambours et Clairons

No.	Titre	Auteur
020.	Aux armes (marche).......	Bosc.
021.	A l'Est, veillez! (P. R.)...	Arnoux.
022.	Le Compiégnois (P. R.)..	Leblan.
023.	La Chanson du Fantassin (P. R.)................	Perlat.
024.	Les Cadets de Russie (P. R.)................	Sellenick.
026.	Coco (défilé)	Mal de Mac Mahon
027.	Le Grand Danton (P. R.).	Adriet.
028.	En vacances (P. R.).......	G. Marie.
029.	En liesse (P. R.)	V. Turine.
030.	En avant (P. R.).........	Menzel.
031.	En bon ordre (P. R.).....	S. A.-Petit.
033.	Chanson de route (P. R.).	G. Marie.
034.	En revenant de la revue (P. R.)................	Desormes.
035.	Le Farfadet..............	Sellenick.
036.	Fives-Lille..............	—
037.	Le Fringant..............	—
038.	Les Gardes-Nobles.......	Schramel.
039.	La Mobile...............	Fabre.
040.	Le Géant................	Robert.
041.	Honneur aux braves (P. R.)................	Durrieu.
042.	Le Héros (P. R.)........	Suzanne.
043.	Joyeux Fantassin (P. R.).	Goueytes.
044.	Le Lorrain (P. R.).......	Leroux.
045.	Lisieux (P. R.)..........	Signard.
046.	Léopold II (P. R.)........	Christophe.
047.	La Cloche de la Liberté.	Sousa.
048.	Lune de miel (marche)...	Rosey.
049.	Défilé de la Garde Républicaine................	Wettge.
051.	Mes adieux au 68e de ligne (défilé)...........	Binot.
052.	Les Pupilles de la Marine (P. R.)............	Léon Chic.
053.	La Retraite de Crimée....	Magnier.
054.	Marche des Drapeaux (défilé)................	Sellenick.
055.	Les Mousquetaires (marche)..................	A. Bernier.
056.	Marche des Cochers viennois	Neidhardt.
6057.	Malakoff.................	Brepsant.
6060.	La Viennoise.............	Kral.
6061.	Le Lillois...............	Leroux.
6062.	Marche des Saint-Cyriens.	Sarvonnat.
6064.	Marche des Lycéens......	Mougeot.
6065.	Ronde des Petits Pierrots (marche)...............	Aug. Bosc.
6066.	Semper fidelis (marche)...	Sousa.
6070.	Salut à l'Aigle russe (marche)..................	Signard.
6071.	Serrons nos rangs (marche)...................	—
6072.	Salut à Copenhague (marche)...............	Fahrbach.
6073.	Sambre-et-Meuse (défilé).	Planquette-Rausky
6074.	Valeur française (marche).	Fontenelle.
6075.	Marche du Temps passé (pot-pourri)............	Th. Barnier.
6076.	Le Voltigeur de la Garde (P. R.)..............	Brepsant.
6077.	Le Refrain des Vosgiens (P. R.)................	Mullot.
6079.	The Washington Post (marche)...............	Sousa.
6080.	Le Zouave (P. R.).	Buot.
6082.	Bourgogne (défilé)........	E. Choquard
6083.	La Bannière de la Victoire (P. R.)............	Von Blon.
6084.	L'Alsacienne (P. R.)......	E. Launay.
6085.	Marche du régiment de Préobrajenski	X***
6086.	Le Spinalien (P. R.)......	E. Launay.
6087.	La petite tache noire (chanson de route)......	Haring.
6088.	Vive l'armée (défilé)......	A. Louis.
6089.	La Vieille Garde (marche).	Aug. Bosc.
6090.	Marche de Marathon......	Gavioli.
6091.	Cyrano de Bergerac......	G. Allier.
6092.	Marche du 135e (défilé)....	Rouveirolis.
6093.	Marche du 79e (défilé).....	Castela.
6094.	Souvenir de la 56e brigade (défilé).................	Mornay.
6096.	Marche du 140e (défilé).. .	Schmidt.
6097.	Marche du 116e (défilé)....	Espitalier.

Dans les Commandes, il est indispensable d'indiquer les numéros.

6098. Marche du 138e (défilé)... GAUTIER.
6099. Marche du 113e (défilé)... ED. GROGNET.
6100. Marche du 152e (défilé)... L. BILLAUT.
6101. Défilé de Longchamp..... ED. GROGNET.
6102. La Sidi-Brahim (défilé)... POROT.
6103. La Saint-Cyrienne (défilé)... HOUZIAUX.
6104. La Saint-Maixentaise (défilé)... MICHEL.
6105. Marche des Petits Chasseurs... L. BILLAUT.
6106. Grand-Papa (défilé)...... —
6107. Le Grognard (marche).... G. PARÈS.
6108. Le Chevalier-Garde (P. R.)... —
6109. Chanzy (P. R.)... —
6110. Le Marsouin (défilé)...... SIBILLOT.
6111. Paris-Belfort (défilé)...... FARIGOUL.
6112. Auprès de ma blonde (défilé)... X***
6113. Le Stentor (défilé)........ ALEX. LOGER
6114. Les Petites Grisettes (marche)... —
6116. Marche des Petits Trottins... L. BILLAUT.
6118. Marche des Chauffeurs... AUG. BOSC.
6119. Le Régiment qui passe (marche)... EILENBERG.
6095. Royal-Eclair (marche du Grand Vin électrisé).. IRÉNÉE BERGÉ.
6120. Le Grondeur (P. R.)...... GURTNER.
6121. Le Roi des mers (P. R.).. BLEGER.
6122. Le Magyar (P. R.)........ G. ALLIER.
6123. Boccace (marche)........ VON SUPPÉ.
6124. Marche Algérienne....... AUG. BOSC.
6125. Promenade Militaire...... MOUSSARD.
6126. Condé.................. G. WETTGE.
6127. Richard Wallace.......... SELLENICK.
6128. Sous l'aigle double........ WAGNER.
6129. Paris-Marche............ MEZZACAPO.
6130. Wladimir................ MÉLODIA.
6131. Salut lointain........... DORING.
6132. La Robertsau............ SELLENICK.
6133. Ronde des Bébés......... AUG. BOSC.
6134. Stanislas................ E. LAUNAY.
6135. Saint-Georges............ G. ALLIER.
6136. Le Voltigeur............. G. PARÈS.
6137. Salut à la Patrie......... SOYER.
6138. Le Gai Français.......... L. REYNAUD.
6139. Villars.................. G. ALLIER.
6140. Marche des Prétendants.. FONTENELLE.
6141. Moscou................. G. ALLIER.
6142. Trocadéro............... G. PARÈS.
6143. Le Patriote.............. E. CHOQUARD.
6144. Salut au 128e............ —
6145. Le 115e de ligne.......... ANDRÉ.
6146. Iéna..................... FARIGOUL.
6147. Le Vaguemestre.......... H. SENÉE.
6148. Joyeux Monôme.......... E. CHOQUARD.
6149. Marche Française........ DIVOIR.
6150. Honneur au commandant Marchand............ E. CHOQUARD.
6151. Chevau-léger............ G. PARÈS.
6152. Marche des Lutteurs..... GARCIAU.
6154. Marche victorieuse....... ALFRED BERT.
6155. Défilé du 6e.............. CHAULIER.
6156. Encore un petit verre de vin (chanson de route). LOUIS BILLAUT
6157. Vernon Vernonnet........ BONNELLE.
6158. Marche provençale........ CAIRANNE.
6159. Les Petites Folles........ WRIGT-BERT.
6160. Galant Messager......... VIVIER.
6161. Marche de l'Exposition... BURÉ-VIVIER.
6162. Joyeux Troupier.......... H. CIEUTAT.
6163. Le Tout-Paris............ ALEX. LOGER.
6164. Marche des Vagabonds... GAUWIN.
6166. Marche des Explorateurs. W. SALABERT
6167. Marche du Drapeau...... G. PARÈS.
6168. Flottez, Drapeaux! ...... H. PARADIS.
6170. Marche Alsacienne (P.R.). PH. SALI.
6171. Le Régiment en marche.. P. LINCKE.
6172. Isly (défilé).............. E. LAUNAY.
6173. Wilhelmine.............. WESLY.
6174. Gavroche................ A. MONIER.
6175. Par le flanc droit......... CH. TOUREY.
6176. Drapeau flottant.......... FR. SALY.

MARCHES, DANSES & MÉLODIES AMÉRICAINES

7050. The Washington Post (march)... SOUSA.
7051. The « Corncracker » (dance)... MEACHAM.
7052. America (mélodie)........ X***
7053. Centennial March........ REEVES.
7054. « El Capitan » March..... SOUSA.
7057. Dixie « Medley March »... CARL.
7058. The Liberty bell.......... SOUSA.
7059. King Cotton (march)...... —
7062. « Manana », Chilian dance MISSUD.
7063. Midway Plaisance (medley)...
7064. Manhattan Beach (march) SOUSA.
7065. Little Marcia Marie (polka)
7066. Nearer my God tho thee. MASON.
7067. Hail to the chief. arr. by BEYER.
7068. Handicap (one of the best) G. ROSEY.
7069. Honeymoon.............. —
7070. Edison (polka)...........
7072. The Directorate (march). SOUSA.
7073. Chicago................. A. LEE.
7074. Boston Commandery (march)... CARTER.
7075. The belle of New-York (march)... KERKER.
7076. Black America (march)... ZICKEL.
7077. The Athlete march........ LAURENT.
7079. « Off to camp » march..... W. THOMAS.
7080. The Picador (march)...... SOUSA.
7081. « Enquirer Club » (march) L. BRAUD.
7082. Star-Spangled Banner (morning colors)........
7084. « Tandem » (march and two step)............... SPAULDING.
7086. The Stars and Stripes for ever (march)........... SOUSA.
7087. March-Olympia........... CLARK.
7089. Max! (polka-march)........ W. SALABERT
7090. La Danse du Ventre...... X***
7091. The Rainbow-dance....... G. ROSEY.
7092. Spanish-fandango (with castanets)..........
7093. Spanish-dance...........
7094. The Thunderer........... SOUSA.
7095. Maryland, my Maryland. HARTMANN.
7097. The Soldiers of the Queen J. ORD. HUME

Dans les Commandes, il est indispensable d'indiquer les numéros.

CYLINDRES HUMORISTIQUES

7363. Chez l'horloger (Imitation du coucou, de l'horloge .... ORTH
7805. Polka des Clowns (*polka des Anglais*) avec chant, cymbales, grelots. etc.. G. ALLIER.
7813. En Tramway (avec trompe et grelots)............ ... CORBIN.
7815. L'Enclume (avec imitation d'enclume)......... PARLOW.
7825. Polka des Masques (avec chant) .... MARTIN.
7844. Polka des Pipelets (avec cloches)................ H. JOSÉ.
7845. Polka des Epiciers (avec chant).................... A. LABBE.
7869. Chien et Chat (avec imitation de chien et chat)... STOUPAN.
7872. Polka des Perroquets (avec imitation).......... DAMARÉ.
8031. Express Orient (imitation de la locomotive, cloche, sifflet, etc.).............. T. BOISSON.
6169. Retraite aux flambeaux (cloches, sonneries, commandements)....... X...
8047. Charge de l'armée Française. (La charge et la Marseillaise, coups de feu, canon; cris, etc.)...
7821. Moulinet, Polka (imitation du moulin)......... STRAUSS.
7861. La Belle Meunière (imitation du moulin) .... J. H. PARÈS.

SOLI DE CORNET A PISTONS

Exécutés par M. LACHANAUD

Premier Soliste de l'Opéra, de la Société des Concerts du Conservatoire
et de la Garde Républicaine

SOLI DE CORNET A PISTONS

Exécutés par M. Ed. LACHANAUD

AIRS D'OPÉRAS

N°	Titre	Compositeur
8050.	Le Barbier de Séville (Cavatine)	Rossini.
8051.	Le Bijou perdu	Ad. Adam.
8052.	Les Dragons de Villars	Maillart.
8053.	Ernani	Verdi.
8054.	L'Etoile du Nord	Meyerbeer.
8055.	L'Elisire d'Amore	Donizetti.
8056.	La Fille du Régiment	—
8057.	François les Bas bleus	Bernicat.
8058.	La Fille du Tambour-Major	Offenbach.
8059.	La Favorite	Donizetti.
8060.	Fra Diavolo	Auber.
8061.	La Fille de Mme Angot	Ch. Lecoq.
8062.	Le Grand Mogol	Audran.
8063.	Guillaume Tell	Rossini.
8064.	Galathée	V. Massé.
8065.	Giroflé-Girofla (Chanson mauresque)	Ch. Lecoq.
8066.	Les Huguenots (Cavatine du Page)	Meyerbeer.
8067.	Jérusalem	Verdi.
8068.	La Muette de Portici	Auber.
8069.	La Mascotte	Audran.
8070.	Martha	Flotow.
8071.	Mignon (Connais-tu le pays)	A. Thomas.
8072.	La Norma	Bellini.
8073.	Les Noces de Jeannette	V. Massé.
8074.	Le Pré-aux-Clercs	Hérold.
8075.	Le Prophète	Meyerbeer.
8076.	Le Petit Duc	Ch. Lecoq.
8077.	Prière de Moïse	Rossini.
8078.	Prière de la Muette de Portici	Auber.
8079.	Roméo et Juliette	Ch. Gounod.
8080.	Robert-le-Diable	Meyerbeer.
8081.	Si j'étais Roi	Ad. Adam.
8082.	Le Trouvère	Verdi.
8083.	La Traviata	—
8084.	Le Val d'Andorre	Halévy.

AIRS DIVERS, SOLI, FANTAISIES, AIRS VARIÉS

N°	Titre	Compositeur
8049.	Je t'aime	Capri.
8085.	Sérénade	Fr. Schubert
8102.	Il Crociato	Arban.
8103.	Air tyrolien	
8104.	La Muette de Portici	—
8105.	Le Carnaval de Venise	—
8126.	Malborough (air varié)	—
8139.	Béatrice (air varié)	—
8086.	1re Fantaisie brillante	—
8087.	2e Fantaisie brillante	—
8088.	Caprice et variations	—
8089.	2e grand solo	—
8090.	Il pleut, bergère (air varié)	J. Reynaud.
8120.	Ah ! vous dirai-je, maman (air varié)	—
8098.	L'Etoile du Midi (air varié)	J. Reynaud.
8093.	Fête militaire (mazurka variée)	A.-S. Petit.
8106.	Les Rameaux	Faure.
8107.	All Right (chanson anglaise)	—
8108.	La Vie parisienne (quadrille)	Offenbach.
8110.	Santiago (Valse espagnole)	Corbin.
8113.	La Vague (introduction et Valse)	O. Métra.
8114.	Divertissement	H. Sénée.
8115.	Concertino	—
8121.	Le Freychütz (air varié)	Mellet.
8134.	Crinoline (Mazurka)	Sellenick.

Dans les Commandes, il est indispensable d'indiquer les numéros.

POLKAS POUR CORNET SOLO

8127.	Le Brigadier Trompette (polka)	DAMARÉ.
8094.	Diamant (polka)	J. REYNAUD.
8095.	Eva	A.-S. PETIT.
8096.	Mousseline	—
8097.	Myrto	—
×8117.	Hylda	J. REYNAUD.
8129.	Gouttes d'eau (Fantaisie-polka)	A.-S. PETIT.
8116.	Déesse	J. REYNAUD.
8150.	Georgette	G. WETTGE.
8151.	Après la guerre	ROHAULT.
8152.	Lune de miel	LIGNER.
8153.	L'Etoile d'Angleterre	A. LAMOTTE.
8154.	Belle Etoile	BLANCHETEAU
8155.	Madeleine	A.-S. PETIT.
8156.	Messager d'amour	WITTMANN.
8157.	La Morengotte	SELLENICK.
8158.	Paye tes dettes	PILLEVESTRE
8159.	Odette	V. SAMBIN.
8160.	Pluie de perles	GOUEYTES.
8161.	Rigolette	WITTMANN.
8162.	L'Écho des concerts	ZIEGLER.
8163.	Hop ! Hop !	—
8164.	Le Palais-Royal	MOREAU.
8165.	Le Feu follet	SELLENICK.
8166.	Les Sauterelles	GOUEYTES.
8167.	Trompette-Polka	E. LAUNAY.
8168.	Toccata	H. SENÉE.
8169.	Cécile-Polka	A. BILLAUT.
7361.	La Vaudoise	L. NICOLE.
7565.	Plaisance-Fronsac	FARIGOUL.
8170.	Marville	MEISTER.
8171.	La Bavarde	SELLENICK.
8118.	Aigrette	F. SALI.
×8172.	Gracieuse polka avec accompagnement d'orchestre exécutée par	M. LACHANAUD.

POLKAS POUR DEUX CORNETS

Exécutées par MM. LACHANAUD et BLONDEAU, solistes de la Garde Républicaine

8200.	Adam et Ève	J. REYNAUD.
8201.	Coup double	V. SAMBIN.
8202.	Frères d'armes	CORBIN
8203.	Frétillon	DESORMES.
8204.	Les deux Amis	LOZES.
8205.	All right (Polka américaine).	
8207.	Les deux Lalleurance	MAYEUR.
8208.	Cornette	PIQUE.
8210.	Les deux Commères	LABIT.
8211.	Tandem	A.-S. PETIT.
8212.	Triplette	MAQUET.
8213.	Marie-Louise	DECROUEZ.
8214.	Mars et Vénus	L. WETTGE.
8215.	Merle et Pinson	J. REYNAUD.
8216.	Le Rhône et la Saône	ROUSSEL.
8217.	Jean qui pleure et Jean qui rit	LABIT.
8218.	Les deux Pinsons	E. LAUNAY.
8219.	Rossignol et Fauvette	—
8220.	Jean et Jeannette	G. ALLIER.

SOLI DE TROMBONNE

Exécutés par M. BARTHÉLÉMY, soliste de la Garde Républicaine

et de l'Opéra-Comique

8250.	Le Barbier de Séville	ROSSINI.
8251.	Les Cloches de Corneville	PLANQUETTE
8252.	Faust	CH. GOUNOD.
8253.	Guillaume Tell	ROSSINI.
8254.	Les Huguenots	MEYERBEER.
8255.	Le Prophète	—
8256.	Marche funèbre	CHOPIN.
8257.	Romance irlandaise	X***.
8258.	Rigoletto	VERDI.
8259.	La Reine de Chypre	HALÉVY.
8260.	La Traviata	VERDI.

Dans les Commandes, il est indispensable d'indiquer les numéros.

SOLI DE CLARINETTE

Exécutés par M. PARADIS

Premier Soliste de l'Opéra et de la Garde Républicaine

SOLI DE CLARINETTE

Exécutés par M. PARADIS

Premier Soliste de l'Opéra et de la Garde Républicaine

8294. Douce tendresse.......... H. PARADIS.
8295. Dans l'Azur............ —
8300. La Danse du ventre...... X***.
8301. Gentil Babil.............. SUZANNE.
8302. Les Mousquetaires au couvent.................... VARNEY.
8303. Miss Helyett.................. AUDRAN.
8307. La Femme de Narcisse....
8308. Souvenir de Saint-Privat..
8309. Rigoletto (air varié sur). VERLI-DUREAU
8310. Souvenir de ma Suzon....
8311. Berceuse de Jocelyn...... B. GODARD.
8312. Caprice-Polka (avec variations).................. MAYEUR.
8313. Emma-Livry (avec variations).................. PIROUELLE.
8315. Guillaume Tell........... ROSSINI.
8317. La Favorite............. DONIZETTI.
8318. La Muette de Portici...... AUBER.
8319. Mignon.................. A. THOMAS.
8320. La Petite Mariée......... LECOQ.
8321. Le Trouvère............. VERDI.
8322. Mireille.................. CH. GOUNOD.
8323. Massilia.................. MAKOSKI.
8324. L'Oasis..................
8325. Les Murmures de la Forêt.
8326. L'Hirondelle fugitive.....
8327. Le Pré-aux-Clercs........ HÉROLD.
8328. La Traviata.............. VERDI.
8329. La Plainte du Ruisseau...
8330. Rigoletto (air de Gilda)... —
8331. Rêverie du soir...........
8332. Concertino............. ROSE (WEBER).
8333. Dernière pensée.......... —
8334. Fantaisie et rondo (1re partie).................. —
8296. 4e Air varié.............. KLOSÉ.
8298. Polonaise................ WEBER.
8144. Rose mousse (valse lente) A. BOSC.
8336. Obéron (fantaisie)........ Dubois (Weber)
8337. Le Carnaval de Venise (air varié)............... JEANJEAN.
8338. Nocturne................. CHOPIN.
8339. Loin du bal (valse lente).. E. GILLET.
8340. Deauville................. CORBIN.
8341. L'Eblouissante........... BOUSQUET.
8342. Valse en *ré bémol*......... Mayeur (Chopin)
8343. 2e air varié............... KLOSÉ.
8344. 2e solo.................. —
8345. 3e solo.................. —
8297. 6e solo.................. —
8346. 7e solo.................. —
8299. 9e solo.................. —
8347. Valse du Pardon de Ploërmel.............. MEYERBEER.
8348. Air favori de Marie Leczinska.................. X**.
8122. Valse de Faust............ GOUNOD.
8123. Valse de Roméo et Juliette —
8124. Sérénade de Roméo et Juliette................ —
8125. Mazurka de Roméo et Juliette.................. —
8136. La Cigale et la Fourmi... AUDRAN.
8137. Romance de Philémon et Baucis................. GOUNOD.
8138. Entr'acte de Philémon et Baucis.................. —
8140. Entr'acte de l'Arlésienne.. BIZET.
8141. Chœur de l'Arlésienne.... —
8142. Farandole et Marche des Rois de l'Arlésienne.... —
8143. La Colombe............. GOUNOD.
8697. Malborough (air varié)... PARADIS.
8698. Caprice-Mazurka......... MAGNANI.
8699. Polonaise de concert...... DE MASSA.
7108. 13e solo................. KLOSÉ.

Dans les Commandes, il est indispensable d'indiquer les numéros.

SOLI DE FLUTE

Exécutés par M. FONTBONNE

Premier Soliste de la Garde Républicaine

SOLI DE FLUTE

Exécutés par M. FONTBONNE, premier Soliste de la Garde Républicaine et de l'Opéra-Comique

7229. La Volière.
7230. Sérénade de Moskousty.
7231. Danse hongroise (Brahms).
7232. Danse macabre (Saint-Saens).
7233. Premier Jour de bonheur (Auber).
7234. Marche indienne (Sellenick).
7235. Rose-Mousse (valse).
7236. Le Désert.
7237. Sémiramis.
7238. La Favorite.
7239. Les Noces de Jeannette.
7240. Le Pré-aux-Clercs.
7241. Galathée.
7242. Le Prophète.
7243. Don Juan.
7244. La Poupée de Nuremberg.
7245. Roméo et Juliette.
7246. La Fille du Tambour-Major.
7247. Mireille.
7248. La Féria.
7249. Si j'étais roi.
7877. Hommage à Tulou.
7878. Fantaisie sur Manon.
7879. Loin du bal.
7880. La Sonnambula.
8135. Il pleut, bergère.
8450. Bruxelles (Romain).
8451. Le Chardonneret (Géraud).
8452. Concert dans le feuillage.
8453. Le Colibri (Sellenick).
8454. La Route d'Alsace.
8455. Polka des Cricris (A. Graud).
8456. Le Roitelet (Salis).
8457. Gentil Babil (Suzanne).
4458. Philomène (Perlat).
8459. Guillaumette (Farigoul).
8460. Rondo-Polka (Balleron).
8461. Lafleurance (Mayeur).
8462. Le Merle blanc (Damaré).
8463. La Tourterelle —
8464. Picolo-Polka —
8465. L'Hirondelle (Duvergès).
8466. Miss Alouette (Pillevestre).
8467. Mimi Pinson —
8468. Rondo (Donjon).
8469. Saltarelli —
8470. Tanit (Coquelin).
8471. La Petite Fauvette (Damaré).
8472. Le Rossignol (Rou).
8473. Valse du Rossignol (Julien).
8474. L'Alouette.
8475. La Babillarde.
8476. La Flûte enchantée.
8477. L'Oiseau bleu.
8478. Fifrolinette.
8479. La Fauvette.
8480. Pinson et Fauvette.
8481. La Fauvette des Bois.
8482. Le Carnaval de Venise.
8483. Valse de Faust.
8484. Guillaume Tell.
8485. Espana.
8486. La Traviata.
8487. Mignon.
8488. Premier solo (Tulou).
8489. Deuxième solo —
8490. Troisième solo —
8491. Quatrième solo —
8492. Cinquième solo —
8493. Sixième solo —
8494. Septième solo —
8495. Huitième solo —
8496. Le Cœur et la Main.
8497. Les Dragons de Villars.
8498. La Fille de Madame Angot.
8499. La Périchole.
8500. Le Petit Duc.
8591. Marche turque (Mozart).
8592. Les Huguenots.
8593. Retraite de Crimée.
8594. Robert-le-Diable.
8595. Air varié.
8658. Le Postillon de Longjumeau.
8659. Carmen.
8660. La Mule de Pedro.
8661. Indiana.
8662. Le Domino noir.
8663. Les Diamants de la Couronne.
8664. L'Ambassadrice.
8678. Le Merle siffleur.
8690. Baden-Polka.
8691. Babillage d'Oiseaux.
8692. Les Clochettes.
8693. Tyrolienne (Fontbonne).
8694. Fantaisie brillante.
8695. Mazurka gracieuse.
8696. Air de ballet (Fontbonne).
7098. Fantaisie hongroise (Doppler).
7099. L'Oiseau tapageur (Balleron).
7100. En plein champ (Fontbonne).
7101. La Dame de Pique (Suppé).
7102. Divertissement (Gattermann).
7103. L'Oiseau et les Roses (Damaré).
7104. Poète et Paysan (Suppé).
7105. Polonaise de Concert (Demersmann).
7106. L'Armée Française au Tonkin (Desormes)
7107. Le vrai Parisien (Monier).
7109. Gavotte de Mignon (A. Thomas).
7110. Sous la feuillée (Corbin).

Dans les Commandes, il est indispensable d'indiquer les Numéros

SOLI DE VIOLON

8262. Berceuse de Jocelyn.
8263. Simple Aveu.
8264. L'Impromptu (PIZZICATI).
8279. Galathée.
8280. Mazurka de Coppélia.
8281. Sérénade.
8278. La Fille du Régiment.
8349. Rose-Mousse.
8350. Chanson de Printemps.
8550. Fantaisie hongroise.
8551. Sérénade de Schubert.
8552. Valse du Trouvère.
8553. Valse de la Traviata.
8554. Valse de Faust.
8555. Loin du bal (Valse lente).
8556. Gavotte de Mignon.
8557. Mazurka (WIENAWSKI).
8558. Romance —
8559. Danse macabre (SAINT-SAENS).
8560. Fantaisie sur Faust.
8561. Fantaisie sur le Trouvère.
8562. Prélude du « Déluge » (SAINT-SAENS).
8563. Fantaisie sur Don Juan.
8564. Romance en LA (BEETHOVEN).
8565. Fantaisie sur les Noces de Jeannette.
8566. Fantaisie sur la Muette de Portici.
8568. Fantaisie sur le Barbier de Séville.
8569. Fantaisie sur Rigoletto.
8570. Fantaisie sur la Traviata.
8571. Fantaisie sur Martha.
8572. Andante religioso (F. THOMÉ).
8544. Au fil de l'eau (HENRI WELSCH).
8545. Idylle (HENRI WELSCH).
8546. Madrigal (HENRI WELSCH).
4547. Menuet —
8548. Soir d'Orient —
8549. Ronde de nuit —
8574. Fantaisie sur le Pré-aux-Clercs.
8575. Ave Maria (GOUNOD).
8576. Scène de Ballet (BÉRIOT).
8577. Menuet (BOCCHERINI).
8578. Thaïs (méditation) (MASSENET).
8580. Fantaisie sur Carmen.
8581. Concerto (RODE).
8582. Concerto (KREUTZER).
8583. Sonate (MOZART).
8584. Fantaisie sur Paul et Virginie.
8585. Rêveuse (BÉRIOT).
8586. Romance (VIEUXTEMPS).
8587. Mouvement perpétuel (PAGANINI).
8588. Le Carnaval de Venise.
8589. Nocturne (LOUIS BILLAUT).
8590. Prière de Sighicelli.
8665. Fantaisie sur la Reine de Chypre.
8679. Sérénade (HAYDN).
8680. Mélodie (SIGHICELLI).
8681. Cavatine (RAFF).
8682. Fantaisie sur les Mousquetaires au Couvent.
8683. Romance (MENDELSSOHN).
8684. Ave Maria (SCHUBERT).
8685. Amour discret (gavotte) (RESCH).
8886. Babillage (GILLET).
8687. Rêverie (SCHUMANN).
8573. Sérénade Espganole (SARASATE).

SOLI DE SAXOPHONE

Exécutés par M. LELIÈVRE, Soliste de la Garde Républicaine

8265. 3e Fantaisie.......... ESCUDIÉ.
8266. Poète et Paysan (solo de l'ouverture.......... SUPPÉ.
8267. Ave Maria.......... CH. GOUNOD
8268. Sérénade.......... G. PIERNÉ.
8269. Grand Solo de Concert... A. BILLAUT.
8270. Sur l'Onde.......... G. PARÈS.
8271. Nocturne.......... L. BILLAUT.
8272. Elégie.......... CORBIN.
8273. Le Val fleuri.......... L. GANNE.
8274. La Cinquantaine.......... G. MARIE.
8275. Final du 3e Solo.......... ESCUDIÉ.
8276. Chant du Soir (Abend Lied) SCHUMANN.
8277. Rêverie.......... —

MANDOLINE et XYLOPHONE

Airs divers

SOLI DE XYLOPHONE avec Orchestre

8911. Le Carnaval de Venise.
8912. La Cigogne.
8913. Le Pic Vert.

Dans les Commandes, il est indispensable d'indiquer les numéros

SOLI DE CITHARE

8666. Carmen.
8667 La Chanson des Rossignols.
8668. Boccace
8669. Espana.
8670. La Fille de Madame Angot.
8671. Gavotte Stéphanie.
8672. Menuet de Boccherini.
8673. Le Père la Victoire.
8674. Pizzicati du Ballet de Sylvia.
8675. Roses sauvages.
8676. Sous l'Aigle double.
8688. Valse bleue.
8005. Abandonné.
8006. La Paloma.
8007. Sérénade de Gounod.
8008. Deuxième Mazurka de Wieniawski.
8009. Cavalleria Rusticana.
8010. Estudiantina.
8011. La Traviata.
8012. La Marche des Volontaires.
8013. Le Trouvère.
8014. Martha.
8015. La Chanson du Tyrol.
8016. Le beau Danube bleu.
8017. Sérénade de Pierné.
8018. Funiculi-Funicula.
8019. Faust.

TROMPES DE CHASSE

Soli

8700. Le Réveil. — La Marche de la Vénerie. — L'Arrivée au Rendez-Vous. — Le Volce-l'est. — Le Daguet.

8701. Le Débuché. — La Vue. — Les Calèches des Dames. — La Quatrième tête. — Le Louvard. — Le Sanglier.

8702. Le Loup. — La Plaine. — Le Changement de forêt. — La Retraite prise. — La Retraite manquée.

8703. Le Chevreuil. — Le Bat-l'eau.— La Sortie de l'eau. — L'Hallali sur pied. — L'Hallali par terre.

8704. La Royale. — Les Honneurs du pied. — Le Retour de Chasse. — La Rentrée des Princes au château. — Le Bonsoir des Chasseurs.

8705. Le Dix-Cors jeunement. — Les Animaux en compagnie. — Le Change. — Le Lancé et Bien-allé.

8706. La Troisième tête. — Le Hourvari. — La Saint-Hubert. — La Curée. — La Rentrée au Chenil.

8707. Le Lièvre. — Le Renard. — Le Blaireau. — La Quatrième Tête Bourbon. — La Retraite de la grâce. — Le Bonsoir.

8708. Le Terré du Renard. — Le Lapin. — La Culbute en forêt.

8757. La Messe de St-Hubert.

Duos

8720. La Duchesse-de-Chevreuse. — Souvenir de Mme la Marquise de Champigny. — La Pont-Chartrain.

8721. La Dauvet. — La de Caduscl. — La Lur-Saluces.

8722. La Mortemart. — Rallyes-Bonnelles. — La d'Uzès.

8723. La Wagram. — La Saint-Georges. — La d'Onsembray.

8724. La François-Joubaire. — Les Joyeux Veneurs. — La Marguerite.

8725. La Lastic. — La d'Elva. — La Servant.

8726. La Montsaulnin. — La Vieux-Chef. — Rallye-Chitré.

8727. Soutiens-Vendée. — Rallye-Vendée. — Rallye-Vieil-Anjou.

Dans les Commandes, il est indispensable d'indiquer les numéros

Trios

8750. La Delanos. — Rallye-Ardennes. — La de Laporte.
8751. La Vernon. — Le Départ des Martins. — La Dupuytrem.
8752. La Moulière. — La Lestrange. — La d'Autichamp.
8753. La Lavessière. — La Madeleine. — La Bardin.
8754. La Grally. — Rallye-Beaurecuel. — La Fontaine.
8755. La Becdelièvre. — La Cornu. — Les Pleurs du Cerf.
8756. Le Point du jour. — La Mollard. — La Lebret.

Quatuors

8780. Les Souvenirs de Lavigne.
8781. Souvenirs de Fleurines. — La Vallon.
8782. Réveil de Lorraine.
8783. Le Sportman.
8784. Le Chabrillant (fantaisie avec carillon).
8785. Souvenir de la Celles-les-Bordes. — La Loge Raboué.
8786. Rallye-Lorraine (pas redoublé.)
8787. Le Moulin de la Vierge.
8788. Le Menuet de la Reine (avec carillon).
8789. La Guillaume-Tell.
8790. La Daubœuf. — La de Lassalle.
8791. En avant.
8792. Le Grand Retour de Chasse.
8793. La Grande Fanfare.
8794. Souvenirs de Rouen.
8795. Le Passevant — La Roger-Laurent.
8796. La Noisy. — La Cambis.
8797. La Boscary. — La Duchesse-de-Bourbon.
8798. Les Veneurs de France. — Les Honneurs.
8799. Le Pont de Chatou. — Les Filles du Village.

TROMPETTES (SONNERIES DE CAVALERIE)

Fanfares

8800. Le Réveil. — A l'Etendard. — Michel Strogoff.
8801. Marche des Radjahs. — Skobeleff. — La Retraite.
8808. Picton (galop).
8809. Pierrette (polka).
8810. Merle et Pinson (polka).
8811. Le Joyeux (pas redoublé).
8812. Quand même (pas redoublé).
8813. L'Entraîneur (pas redoublé).
8814. Retour du camp (pas redoublé).
8815. Folette (mazurka).
8816. Galopine (mazurka).

Sonneries d'Ordonnance

8802. Le Réveil. — Le repas des chevaux. — L'Appel. — Le Pansage. — Le Boute-selle. — A cheval. — Quatre appel consécutifs. — L'instruction. — A l'ordre. — Aux officiers.
8803. Aux maréchaux-des-logis-chefs. — Aux fourriers. — Aux maréchaux-des-logis de semaine. — Aux brigadiers de semaine. — Aux malades. — La soupe. —Les corvées. — Les distributions. — Le rassemblement de la garde. — L'appel des consignés. — Aux trompettes. — La retraite.
8804. L'extinction des feux. — La générale. — A l'étendard. — L'ouverture du ban. — — La fermeture du ban. — Garde-à-vous. — Pied-à-terre. — Sabre à la main. — Remettez le sabre.
8805. La marche. — La charge. — Exécution: — Dans chaque escadron. — Dans chaque régiment. — En avant. — Halte. — Demi-tour. — En retraite. — A droite. — A gauche. — En lignes de colonnes. — En bataille. — Le ralliement. — Le rassemblement. — La charge en fourrageurs. — Au pas. — Au trot. — Au galop. — Le demi-appel .

Marches

8850. 1re marche (au pas).
8851. 2e marche (au pas).
8852. 3e et 4e marches (au trot).
8853. 5e et 6e marches (au galop).

Dans les Commandes, il est indispensable d'indiquer les numéros

CLAIRONS

Sonneries d'ordonnance

8860. La générale. — L'assemblée. — Le rappel. — Au drapeau. — Aux champs. — Le pas accéléré. — Le pas gymnastique.

8861. Le pas de charge. — Le réveil. — La retraite. — Le ban. — Le rappel aux tambours et clairons. — L'appel. — A l'ordre. — Aux adjudants. — Aux sergents-majors. — Aux sergents. — Aux fourriers. — Aux caporaux.

8862. La soupe. — Le garde-à-vous. — Baïonnette au canon. — Remettre la baïonnette. — Extinction des feux. — La diane. — Le Rigodon. — La corvée de quartier. — La corvée de l'ordinaire. — Aux malades. — Aux fourriers de distribution.

8863. Le cours préparatoire. — Aux hommes punis. — Au piquet — Le pas de course. — Le refrain des bataillons. — Le refrain des compagnies. — La breloque. — Le rappel de pied ferme.

Marches Réglementaires

8900. Nos 1, 2, 3, 4. | 8901 Nos 5, 6, 7, 8.
8902. Nos 9, 10. — Aux Champs en marchant.

Marches pour clairons seuls

8903. Nos 1, 2, 3, 4. | 8904. Nos 5, 6, 7, 8.
8905. Nos 9, 10. — Aux Champs en marchant.

Marches de retraite avec tambour

8906. Nos 1. 2 | 8907. Nos 3, 4. | 8908. Nos , 2.
8909. Nos 7, 8. | 8910. Nos 9, 10.

Discours

2993. A la revue de Krasnoie. | 2994. De M. Loubet à St-Petersbourg.
2995. De M. Loubet sur le " MONTCALM "

NOTA. — Les Cylindres enregistrés qui ont cessé de plaire ou dont la gravure est altérée sont échangés contre d'autres, du même modèle, aux prix suivants :

Dimension courante, série ordinaire . . . **0 fr. 90** *la pièce*
Cylindres " STENTOR ", série ordinaire . **2 50** —

Cet échange s'applique aux Cylindres venant de notre Maison et reçus en bon état franco en notre usine à Chatou.

TABLE DES MATIÈRES

PREMIÈRE PARTIE

CHANT ET DÉCLAMATION

DEUXIÈME PARTIE

ORCHESTRES ET SOLI D'INSTRUMENTS

Levallois-Perret. — Imp. SCHNEIDER Frères et MARY, 18 bis rue Raspail.

www.ingramcontent.com/pod-product-compliance
Ingram Content Group UK Ltd.
Pitfield, Milton Keynes, MK11 3LW, UK
UKHW021015220726
13924UKWH00002B/993

9 782019 936044